21世紀に生きる読者を育てる

第三項理論が拓く文学研究／文学教育

小学校

田中　実
須貝千里 編著
難波博孝

明治図書

本書の使い方

〈すべての読者の皆様へ〉

本書は、どこから読んでいただいても、それぞれ独立してお読みになることができます。また、それぞれの文章は、総論／教材＝作品という横糸（緯）と作品研究―授業構想という縦糸（経）で結ばれていますので、様々につなげて読んでいただくと、より理解が深まります。

〈小学校の先生方へ〉

一番気になる教材の授業構想からお読みください。そして、どうしてこのような授業構想になるのか気になったら、一つ前の作品研究をお読みください。教材を立体的に捉えることができるでしょう。両者が同じ立場・意見とは限りませんから、児童の実態や先生ご自身のお考えのもとに取捨選択し、授業づくりにお役立てください。最後に三つの総論をお読みになると、本書の全体がわかるようになっております。

〈国語教育の研究者へ〉

まず、総論をお読みください。そうすると、本書の「国語教育」の立場がおわかりになるでしょう。そのうえで、各教材の授業構想をお読みください。本書の文学教育観が明瞭になります。さらに、総論の田中論（二三二頁〜）、および各作品の作品研究をお読みになると、さらに理解が深まります。

〈児童・近代文学の研究者へ〉

まず、総論の田中論（二三二頁～）をお読みください。本書の「文学研究」の立場がおわかりになるでしょう。そのうえで、各作品の作品研究をお読みください。もしも、文学教育に興味をお持ちでしたら、総論の須貝論（二四九頁～）と難波論（二六五頁～）、また、各教材の授業構想をお読みいただければ幸いです。

目次

白いぼうし

ごんぎつね

注文の多い料理店

ヒロシマのうた

総論　第三項理論が拓く文学研究／文学教育

お手紙

アーノルド・ローベル／三木卓訳

作品研究

『お手紙』に見る〈世界〉の「ずれ」
―語り手に肯定される生―

山中勇夫

Ⅰ　はじめに

本作『お手紙』は、アメリカの作家、アーノルド・ローベルによって発表された。短編集『ふたりはともだち』（一九七〇年）に収録され、日本では一九七二年に三木卓の翻訳で出版、主人公であるがまくんとかえるくんの物語は、『ふたりはいっしょ』（一九七二年）、『ふたりはいつも』（一九七七年）、『ふたりはきょうも』（一九八〇年）としてシリーズ化されている。教科書には一九八〇年版の光村図書に初めて採り上げられた。二〇二二年の現在では四社で採択されている。

『お手紙』が物語全体を通じて言い知れぬ「あたたかさ」を感じさせるものであることは、本作品の読者全般が共有できる感覚であろう。本作品が長年にわたって強い人気を維持しているのも、この「あたたかさ」によるところが大きいと考えられる。しかし、このことと同時に本作品の特色として見過ごすことができないのは、作品の内部に散りばめられた数々の「ずれ」の存在である。例えば、当てのない手紙を待って勝手に絶望するがまくんの姿や、手紙の内容を全て暴露してしまうかえるくんの姿がそれにあたる。すなわち『お手紙』には、作品全体がもたらす「あたたかさ」と、そこに散りばめられた数々の「ずれ」が同居していると言うことができる。では、一つの作品の中に同居するこの「あたたかさ」と「ずれ」には、何らかの因果関係があるのだろうか。あるとすればそれはどのような関係なのだろうか。

本稿はこのような問題意識に基づき、第三項理論を援用した〈読み〉を展開する。そのポイントは、①二人がそれぞれに生きるばらばらの〈世界〉を〈読む〉こと、および②それを語る語り手を〈読む〉こと、③さらにはその語り手を相対化する、位相を〈読む〉ことにある。

Ⅱ 「友情」物語という呪縛―先行研究①―

『お手紙』は、多くの国語教室で「友情」を読むものとして捉えられてきた。例えば、大塚浩氏の「がまくんに告白した瞬間は、がまくんの悲しみを真に理解し、「がまくんの悲しみをかえるくんが共有した瞬間」である」や、山本欣司氏の「「おてがみ」という物語は、誰かがじっと寄り添ってくれることの意義を教えてくれる」(以上傍線は稿者)のように「真に理解」「悲しみを共有」「じっと寄り添って」など、読者の持つ一般的な「友情」観に呼応する言葉で作品が捉えられてきたのである。

しかし『お手紙』の魅力は、このような「友情」コードのみで回収できるものなのだろうか。例えば、かえるくんが寝ているがまくんをたたき起こす場面の愛らしさや、手紙の到着や文面を伝えてしまう場面のおもしろさは「友情」コードのみで解釈できるものではない。多くの優れた文学作品がそうであるように、『お手紙』もまた、読み手の手持ちのコード（例：友情）で容易に解釈可能な物語が進行する一方で、容易には解釈されない別の物語が潜在している。『お手紙』の作品全体が醸し出す「あたたかさ」の正体に迫るためには、この潜在する物語を浮上させる必要があると考える。

Ⅲ 「友情」物語からの離脱―先行研究②―

先の「友情」問題を警戒し、そこからの離脱を意図的に図る先行研究についても触れておきたい。西郷竹彦氏は、「読者の持っている常識と、作中人物たちの言ったりしたりしていることとの間の微妙なずれ」がもたらす「おかしみ」や「ユーモア」が『お手紙』の魅力であるとし、以下のような「ずれ」の具体例を挙げている。

・口で言えばいいことをわざわざ手紙に書くこと。
・足の遅いかたつむりに配達を頼んだこと、そのかたつむりが一生懸命なこと。
・よそから来たお客のかえるくんが手紙を待つこと、など。

宮川健男氏は、この「おかしみ」「ユーモア」に共感しながら、かえるくんの「手紙の文章を丁寧に吟味する」授業を、この物語の「おかしみ」を消してしまう授業として批判している。その上で『お手紙』は「コミュニケーションの物語」であり、がまくんは「手紙の文面に感心したというよりは、かえるくんが手紙をくれたという、そのことに感動したと考えるべき」物語であるとするなど、手紙を書く行為の価値に注目している。宮川氏の論考は、教育現場が陥りがちな、「手紙」の文面への過剰な意味付けに歯止めをかける点において注目すべきものである。しかし、稿者が問題意識を向ける、作品の「あたたかさ」の正体についての言及は見当たらない。

丹藤博文氏は、西郷氏の述べる「ギャップ（ずれ）」に、「ユーモラス」があることはある程度認めつつも、その「ギャップが何を意味するのか、そのことこそが読まれなければならない」と、「ギャップ（ずれ）」を「おかしむ」ことにとどまらず、その意味を問おうとしている。丹藤氏の主張は、「〈速さ〉ではなく〈遅さ〉、〈目的〉ではなく〈手段〉、〈結果〉や〈効率〉ではなく〈過程〉、〈仮想世界〉ではなく〈実体〉、〈意味〉ではなく〈意味の伝わり方〉、意味や価値観の〈逆転〉という出来事がこの作品世界で起こっているのである」というものだ。同じく「ずれ」の意味を問うものとしては、跡上史郎氏の「このおはなしの本当のテーマは「ない」ことをめぐる「想像力」なのだと言うことができる」としながら、「ある」＝幸せ、「ない」＝不幸せという一般的な価値観を逆転させる物語として〈読む〉ものもある。

稿者は、この両者が「ずれ」の意味を問おうとする点に強い共感を覚える。「ずれ」は『お手紙』全体を覆う重要なポイントである。だが、これらの論からもまた、作品全体がもたらす「あたたかさ」の正体は明らかにならない。例えば、丹藤氏の分析は物語の終盤の手紙が届く場面、跡上氏の分析は、導入の手紙が届かなかった場面と終盤に限定したものであり、物語に点在するその他の「ずれ」は分析の対象になっていない。また作品全体がもたらす「あたたかさ」の正体に接近する分析も見当たらない。

繰り返しになるが、本稿が迫りたいのは、この作品全体が読み手にもたらす「あたたかさ」の正体である。明らかに「ずれ」ている二人のやり取りを見ながら、読み手はなぜ「あたたかさ」を感じるのか。これはすなわち、「ずれ」と「あたたかさ」という一見相反する二つの要素がどのように関連し合っているのかという問題でもある。この問題に迫るために、本稿はまず、作品に点在する「ずれ」の読み直しを図ることから始めたい。

Ⅳ　「ずれ」への着目―なぜか「わかる」―

「ずれ」の分析を進めるために、先に触れた西郷氏の分析を引き続き取り上げる。西郷氏は、「おかしみ」や「ユーモア」を、「読者の持っている常識と、作中人物たちの言ったりしたりしていることとの間の微妙なずれ」として示し、先のような例を挙げている。だが、稿者は西郷氏の言葉をさらに掘り下げ、「おかしみ」「ユーモア」にとどまらない『お手紙』の〈世界〉を見出したいと考えている。ここで注目するのは、西郷氏の述べる「微妙なずれ」の「微妙」である。

この「微妙」を、「ちょっと違う」というような主体からの距離の意味ではなく、なんとなく「わかる」という接近の意味で捉えてみてはどうだろうか。自分で出した手紙を一緒に待ってしまうことも、手紙の内容を思わず暴露してしまうことも、確かに「ずれ」てはいるが、全く理解不能なわけではない。それらはどこか「わかる」のである。では、なぜ「わかる」のだろうか。さらに、これら一つ一つの「ずれ」は、どのように関連し合いながら、作品全体の「あたたかさ」につながるのだろうか。このような問題意識をもとに、作品の「ずれ」を細かく見ていきたい。

「ずれ」を「ずれ」のまま「おかしむ」のではなく、「ずれ」の原因を探り、「ずれ」を語る語り手の批評を〈読む〉のである。

V　がまくんの「ずれ」―当てのない手紙を勝手に待って勝手に絶望するがまくん―

読者が遭遇する最初の「ずれ」は次のものだ。

「いま　一日の　うちの　かなしい　ときなんだ。　つまり　おてがみを　まつ　じかん　なんだ。　そうなると　いつも　ぼく　とても　ふしあわせな　きもちに　なるんだよ。」

……

「だって、ぼく　おてがみ　もらったこと　ないんだもの。」

普通、私たちが手紙を待つのは、誰かが自分宛てに手紙を書いてくれたことを知っているとき、いわば、手紙が来る当てがあるときだろう。しかし、がまくんの待つ手紙には来る当てがない。がまくんは、来る当てのない手紙を勝手に待つという、途方もない状況を勝手につくり、その状況に勝手に絶望している。これが読み手が出会う、最初の「ずれ」である。

さらに、ここにある「つまり」の歪さも指摘しておかなければならない。これではまるで「かなしいとき」＝「おてがみをまつじかん」となり、「おてがみ」を待つ時間以外に「かなしいとき」などないかのような歪な論理が機能していることになる。

これらの「ずれ」はがまくんの「おてがみ　もらったこと　ない」がゆえに起こるものであろう。がまくんは「てがみ」をもらったことがないゆえに、「てがみ」が何なのかをよく知らない。そして恐らくは、自分が書いたことすらない（仮に書いたことがあるならば、自分の置かれている不条理を理解してもらうために、「ぼくが　かいても　だれも　かえしてくれないんだ。」のように、より妥当な論理で語るはずである）。

書いたことも読んだこともないがゆえに、「てがみ」が何なのかをよく知らない。このことによって、「てがみ」にまつわる様々な妄想に駆り立てられ、来る当てのない手紙を勝手に待って勝手に落ちこんでいる。語り手は、物語のわずかな冒頭部分で、がまくんの「ずれ」と、その「ずれ」の原因、そして「ずれ」たまま突っ走る、がまくんの性格を語っていることになる。

Ⅵ　かえるくんの「ずれ」

1　「ずれ」を「ずれ」と感じないかえるくん

では、ずれたがまくんを前にした、かえるくんの反応はどのようなものだろうか。

かえるくんは、先のがまくんのずれた手紙論を前にしても、「お手紙は待つだけじゃこないよ」や、「君は手紙を書いたのかい？」といった突っ込みを入れることをしない。「そりゃ　どういう　わけ？」「一ども　かい？」と、がまくんのずれた論理をずれたままに受け止め（あるいは放置し）ながら話を続ける。

読者にとっては「ずれ」ていても、この物語空間に生きるかえるくんには、それは「ずれ」として認識されていない。「ずれ」とはそれを認識する主体の問題であることをここで押さえておきたい。

2　自分で書いてしまうかえるくん

かえるくんは、がまくん宛ての手紙の準備に奔走するのだが、その手紙はかえるくん自身によって、すなわち、悩みを聞いた本人によって書かれるという、いかにも興ざめなやり方によるものとなっている。また、かえるくんは、早く届けたいはずの手紙を極端に足の遅い「かたつむり」に託してしまう。だが、これらの「ずれ」た行動に対して、かえるくんが違和感を示すことは全くない。ここに、かえるくんの「ずれ」の大きさがうかがいしれる。

3　がまくんをたたき起こし、暴露してしまうかえるくん

がまくんの家に戻ったかえるくんは、昼寝をしているがまくんをたたき起こしてまで、手紙の到着に立ち会わせようとする。かえるくんの思いがいかにも空回りする様子は微笑ましいのだが、昼寝をしている友人をたたき起こしてまで手紙の到着に立ち会わせようとする、その動機は果たして何なのだろうか。これについては、後ほど詳細を述べることにしたい。

ここでかえるくんは、がまくんを起こし、玄関へと連れ出すために何度も声をかける。

「きみ、おきてさ、おてがみが　くるのを　もうちょっと　まって　みたら　いいと　おもうな。」

「ひょっとして　だれかが　きみに　てがみを　くれるかもしれないだろう。」

「きょうは　だれかが　きみに　おてがみ　くれるかもしれないよ。」

「だって、いま　ぼく　てがみを　まって　いるんだもの。」

「きっと　くるよ。」

「だって、ぼくが　きみに　てがみ　だしたんだもの。」

「ぼくは　こう　かいたんだ。『しんあいなる　がまがえるくん。ぼくは　きみが……』」

「手紙」とは、ポストを開ける、手紙を見つける、それを手に取る、ひっくり返して差出人を見る、知った名前に心躍る。どんな中身なのかと興味がわく、封を開ける、折りたたまれた便箋を開く、内容に心を開く……。このような、数々の小さな行為、数々のサプライズによって成り立つものでもある。しかし、かえるくんはここで、こうした「手紙」にまつわる行為・サプライズをことごとく無効にしていく。「手紙」を届けたかったはずが、「手紙」を「手紙」たらしめる要素をことごとく自ら潰しているのである。

Ⅶ　「ずれ」の原因は……

これまで指摘してきた、かえるくんの「ずれ」を整理すると次のようになる。

・自分で手紙を書いてしまう。
・手紙を「かたつむり」に託してしまう。
・「てがみ」の到着に立ち会わせるために、寝ているがまくんをたたき起こしてしまう。
・手紙の内容を暴露してしまう。

これらの「ずれ」の原因が、前述の先行研究のように、「友情」のみに回収されるものでないことは確かだろう。では、これらの「ずれ」はいったい何に起因するものなのだろうか。これについて考えるために、冒頭のがまくんの発言に注目したい。

「だれも　ぼくに　おてがみなんか　くれた　ことが　ないんだ。」

ここでの「だれも……ないんだ。」を押さえつつ、後のかえるくんの手紙の内容にも注目してみる。

「しんあいなる　がまがえるくん。　ぼくは　きみが　ぼくの　しんゆうで　ある　ことを　うれしく　おもって　います。　きみの　しんゆう、かえる」

かえるくんは、わずかな文面の中で自分ががまくんの「しんゆう」であることを二度にわたって主張している。実は、ここにこそ、かえるくん自身も無自覚な、かえるくんの奔走の目的が隠れているのではないだろうか。「しんゆう」でありながら、手紙すら届けてこなかった自分。もしくはそれによって、もはや「しんゆう」としての認定が危ぶまれている自分。がまくんの「だれも……ないんだ」を聞いた後のかえるくんの「かなしい　きぶん」にはこのような心象の側面が見出せるのである。

このことを踏まえると、かえるくんの奔走の目的は、単に「てがみ」を届けてがまくんを笑顔にすることだけにとどまるものではないことがわかってくる。その奔走のもう一つの目的は、がまくんに対する「しんゆう」としての責務を果たすこと、そして自分の目の前で手紙の文面を知ってもらうこと、それにより、かすんでしまった自分の「しんゆう」としての立場の復権を図ることにある。平たく言えば、かえるくんは、がまくんに、「しんゆう」として認められたいのだ。ここに、先の「ずれ」た行動をとるかえるくんの動機も、かえるくんの行動が「ずれ」ていながら、どこか「わかる」理由の一端も見出すことができる。

さて、以上のことを踏まえると、冒頭の「ふたりとも　かなしい　きぶんで……」の場面における二人の心情の差異が明確に浮かび上がってくる。これについて次節で述べる。

Ⅷ　「ふたりとも　かなしい　きぶんで」に見る二人の「ずれ」

「ふたりとも　かなしい　きぶんで　げんかんの　まえに　こしを　おろして　いました。」

「ふたりとも　かなしい　きぶん」と書かれるこの場面は、同じ表情で描かれる挿絵も手伝い、あたかも二人が同じ気分でいるかのような印象を与える。だが、これまでの分析を踏まえると、その

「かなしい　きぶん」の原因は決して同じではないことが指摘できるだろう。

そもそもがまくんの「かなしい　きぶん」とは、当てのない「てがみ」が来ないことに基づくものであった。

これに対し、かえるくんの「かなしい　きぶん」には、がまくんの悲しみを推し量りながらも、手紙すら送ってこなかったことへの後悔や、「しんゆう」としての認定が危ぶまれている自分への危機感も同時に存在するのである。

すなわち、共に「かなしみ」に打ちひしがれているかに見える二人のまなざしの先は、実は全く異なるのだと言える。このとき、二人は同じ世界に生きているようでいて、全く別々の〈世界〉に生きている。このような様相は、この物語の在り方を示す典型であり、それはまた、私たちが生きる現実との接地点を示すものでもある。

私たちが日常で感じる共感もまた、結局自分がそう捉えているにすぎない。私たちは、他人との共感やつながりにすがって生きつつも、その一方で真に他人の気持ちを共有することなどできない。私たちもまた、がまくんやかえるくんと同じように、自分の〈世界〉の論理に閉じられている。「ずれ」とは、世界に対するずれではなく、〈世界〉同士のずれなのである。

『お手紙』は、その表層では仲睦まじい二人の物語が進む一方で、実は共感などできない、ばらばらの物語が同時に進行している。そしてここに、現実世界のリアリティーが潜在するのである。

Ⅸ 「ふたりとも　とても　しあわせな　きもちで……」に見る多層的な語り

これまでの議論を踏まえながら、いよいよ物語のクライマックスに移る。

「ああ、」がまくんが　いいました。
「とても　いい　てがみだ。」
それから　ふたりは　げんかんに　でて　てがみの　くるのを　まって　いました。
ふたりとも　とても　しあわせな　きもちで　そこに　すわって　いました。

がまくんは、ここで自分が受け取る予定の「てがみ」がもはや、「手紙」らしさを失った「てがみ」であることに気付いていない。加えて、がまくんは、かえるくんの「てがみ」の文面に散りばめられた「しんゆう」という言葉の切実さにも気付いていない。がまくんは憧れの「手紙」が届くという、がまくんなりの「しあわせ」に浸る。

一方、かえるくんは、自分が「てがみ」に託した切実な想い（「しんゆう」としての再認定）を、がまくんがスルーしていることに気付いていない。がまくんは確かにここで、「とても、いい　てがみだ。」と答えているのだが、これは、実体としての手紙にあこがれ続けたがまくんが、何かよいことが書いてある「てがみ」にあてた言葉であり、かえるくんの切実な「しんゆう」の復権という思いに向き合ったわけではない。しかし、そのスルーに気付くことなく、かえるくんもまた、「しあわせな　きもち」で玄関に座るのである。

あたかも思いを一つに分かち合っているかの如く描かれた「ふたりとも　とても　しあわせな　きもち」において、二人が何かを共有している部分があることを否定はしない。だがそれと同時に、片方は「てがみ」が届くことへの喜びに、もう片方は「しんゆう」としての立場を奪還できたことへの喜びに浸っているという二人の思いの隔たりもまた否定できない。がまくんに届く「てがみ」は、もはや「手紙」らしさを失い、かえるくんが届けたかった思い（しんゆう）は届いてはいないのだ。

『お手紙』には、ひとつに見える物語の中に、がまくんとかえるくん、それぞれのばらばらの物語が同時に存在している。

誰かと一緒にいながらも、思いはばらばらなこと。しかし、ばらばらの思いを抱えながらも、私たちが誰かと一緒にいること。思いを本当には共有しえない私たちが、ばらばらなままにも世界が成り立つこと。『お手紙』は、こうした私たちの現実と接続し、あどけない物語の奥に、鋭いリアリティーを光らせているのである。

X　「ずれ」を無効化する語り手

さて、これまで見てきたように、本作品には人がばらばらに生きることのリアリティーが描かれているとするならば、作品全体が読み手にもたらす「あたたかさ」はどこから来るのだろうか。その鍵となるのは、「語り手」の存在である。

これまでに追究してきたのは、がまくんとかえるくん、それぞれが抱える「ずれ」であった。そして、この「ずれ」を「ずれ」と認識するための基準は私たち読者の常識にあり、それと作中人物の行動や言動との差異を指して「ずれ」としていた。

しかし、そもそもなぜ、差異が問題化されるのか。それは、仮にそれらの「ずれ」が私たちの生活にもたらされたとき、その因果関係のねじれや、脈絡のなさが、結果として私たちの生活に不便を生じさせるからである。

例えば、当てのない手紙を待つ行為は、途方もない苦労をもたらす。手紙が来ることを予告したり、内容を全て暴露したりすることは、手紙を受け取る喜びを半減させる。相手と共感できていないという事実は私たちを落胆させるし、手紙が来るのを四日間も待つ行為はとてつもなく苦しい。

しかし、『お手紙』における語り手は、これらの「ずれ」を全く問題化しない。

語り手は、かえるくんや、がまくんがおかしなことを言っていれば、「おかしなことを言っている」と語ることもできたはずである。しかし、『お手紙』の語り手は、二人の数々のずれた行為を前にしても、全くそうした視線を挟むことはない。淡々と「ずれ」が「ずれ」として認識されない〈世界〉、「ずれ」が無効化される〈世界〉を語る。

この物語空間では、「ずれ」によって困る人物は誰一人としていない。当てのない手紙を待ちながら、数々の「てがみ」にまつわるサプライズを潰されながら、四日間も待たされながらも、登場人物たちは何不自由なく、「しあわせな　きもち」でいるのである。

このことは、私たちの生きる〈世界〉の制度性を相対化する。私たちにとっての「ずれ」を「ずれ」としない物語空間が、それを「ずれ」と感じる私たちの生活そのものの価値観を見つめ直させるのである。「待つ」とは、「手紙」とは、「時間」とは……、こうした一つ一つの概念、観念の制度性を相対化し、それとは別の在り方も可能とする〈世界〉の可能性を示してくれるのである。

XI　読者の生へと逆照射

ここで、『お手紙』には、先に示したような私たちの生きる世界、誰もがすれ違って生きる世界のリアリティーが描かれていることを思い出したい。がまくんとかえるくんは、互いにすれ違っていながら、それぞれの「しあわせ」を見つけていく。語り手はここに違和感を示すことをしない。その淡々とした描写は、二人の在り方全体を包み込みながら肯定していく。すれ違ったままに「しあわせ」に共存していく二人の姿を、〈世界〉の一つの在り方として示していくのである。

読み手がそこに自分たちが生きる〈世界〉のリアリティーを見るならば、語り手のこうしたまなざしは、それがそのまま私たち読者の生の肯定へとつながる。他者とすれ違いながらも、私たちが〈わたしのなかの他者〉に閉じられていようとも、「ずれ」ていようとも、そこに「しあわせ」があることの全面的な肯定である。

『お手紙』は、がまくんとかえるくんとのすれ違いの中に、私たち読者の生のリアリティーを映すと同時に、それを温かく肯定する語り手によって、私たちを許していく。そのような作品として読むことができるのである。

引用文献

跡上史郎（二〇〇二）「「ない」ことにまつわる「ふしあわせ」と「しあわせ」―アーノルド・ローベル『お手がみ』について―」『文学の力×教材の力　小学校編1年』教育出版
大塚浩（二〇一九）「アーノルド・ローベル国語教材研究論「お手紙」の考察を中心に」静岡大学教育学部研究報告　教科教育学篇
西郷竹彦（一九九二）『新訂・西郷竹彦教科書指導ハンドブック　小学2年の国語』明治図書
丹藤博文（二〇一二）「届かない手紙：『お手紙』（アーノルド・ローベル）の教材価値」愛知教育大学大学院国語研究
宮川健郎（一九九五）「かえるくんの手紙は、「素晴らしい」か―アーノルド・ローベル『お手紙』を読む―」『日本文学』日本文学協会　vol.44
山本欣司（二〇一九）「孤独を癒やすということ―アーノルド・ローベル「おてがみ」を読む―」武庫川女子大学　学校教育センター年報

授業構想

「おてがみ」の授業構想

須貝千里

「おてがみ」の授業構想は、山中勇夫の「作品論」における「ずれ」と「あたたかさ」の提起を検討対象にしたものです。この検討は、「おてがみ」は「語り手」が「「ずれ」が無効化される〈世界〉を語り、「すれ違ったままに共存していく」」、「かえるくん」と「がまくん」の「二人のあり方」、それでも「何不自由なく、「しあわせな　きもち」でいることを語っている作品であるというように読んでいることに焦点化されていきます。この作品の〈語り手〉問題を「読むこと」の課題にするとはどういうことなのかに焦点化されていくのです。山中の論が「私たちが〈わたしのなかの他者〉に閉じ込められていようとも「ずれ」ていようとも、そこに「しあわせ」がある」というようになっていることに対して、です。このことは、児童の〈困った質問〉によって開かれる「小学校低学年、〈単元〉の始まり」という課題に応えていくためになされていきます。

Ⅰ 「おてがみ」でつけるべき力（学習目標）

教育の目的（人間性等）〈価値目標〉

○（自己や世界、他者を）問い続ける。

単元（題材）目標

(1) **「学びに向かう力」〈態度目標〉**

○〈語り手〉が「かえるくん」と「がまくん」の間で起こっている出来事によって提起している問題に向き合う。

(2) **「知識及び技能」**

○二回出てくる「ふたりとも」に注目し、それぞれについて「かえるくん」と「がまくん」が考えていることはどのようなことか、捉える。

(3) **「読むこと」の「思考力、判断力、表現力等」A・B**

Ａ　四つの場面の様子を、「かえるくん」と「がまくん」の言動・考え・思いを比べながら捉える。

Ｂ　〈語り手〉の語りの仕掛け（「かたつむり」「（「かえるくん」の）てがみ」「しんゆう」「四日」など）に注目して、「かえるくん」と「がまくん」の間でどのようなことが起こっているのか、考える。

Ⅱ　「おてがみ」の単元提案

第一次……（作品を読み、〈謎〉に）出会う

1　作品を音読して、〈あらすじ〉を把握し、〈不思議なこと〉を抜き書きし、交流しましょう（「読むこと」の「思考力、判断力、表現力等」Ａ・Ｂの学習の前提。この学習の中で〈謎〉の相互確認は、「学びに向かう力」に関わる学習）。

(1)　先生の作品の音読を聴きましょう。そのうえで、自分たちで作品を音読しましょう（一人一文ずつ担当し、リレーしていってもよい）。

(2)　〈不思議なこと〉を書き出し、交流しましょう（〈困った質問〉から「単元」が始まります）。

(3)　〈あらすじ〉をまとめましょう。

①ある日、かえるくんががまくんの家にやってきました。がまくんは玄関の前に座っていました。かえるくんが「どうしたんだい、（中略）きみ　かなしそうだね。」と理由を聞くと、がまくんは「いま、一日のうちの　かなしい　ときなんだ。つまり　おてがみを　まつ　じかん　なんだ。そうなると　いつも　ぼく　とても　ふしあわせなきもちに　なるんだよ。」と答えました。いままで、

一度も手紙をもらったことがないのだというのです。二人とも、かなしい気分で、玄関の前に腰を下ろしていました。

②すると、かえるくんは、がまくんに「しなくちゃ　いけない　ことが　あるんだ。」と言って、家に帰り、がまくんに手紙を書き、かたつむりに「おねがいだけど、この　てがみを　がまくんの　いえへ　もって　いって、ゆうびんうけに　いれてきて　くれないかい。」と頼みました。かたつむりは「すぐ　やるぜ。」と言って、引き受けました。

③それからかえるくんはがまくんの家に戻りました。かえるくんはベットで寝ているがまくんに手紙の来るのを待つことをすすめます。ときどきかえるくんは窓から外をのぞいていますが、なかなかかたつむりは来ません。手紙が来ないので、「いやだよ。」、「あきあきしたよ。」、「そんな　ことあるものかい。」、「ぼくに　てがみを　くれる　人なんて　いるとはおもえないよ。」、「ばからしいこと　いうなよ。」、「きょうだって、おなじだろうよ。」と言って、しびれを切らし、いじけているがまくんに、とうとう、かえるくんは自分が手紙を出したことを言ってしまいます。内容を聞かれ、かえるくんは「『しんあいなる　がまがえるくん。ぼくは　きみが　ぼくの　しんゆうで　あることを　うれしく　おもっています。／きみの　しんゆう、かえる』」と書いたことも言ってしまいます。がまくんは「とても　いい　てがみだ。」と言いました。それから二人は玄関に出て、手紙の来るのを待っていました。二人とも、とてもしあわせな気持ちで、そこに座っていました。

④長いこと、待っていました。四日たって、かたつむりがまくんの家につきました。かえるくんからの手紙をがまくんに渡しました。手紙をもらって、がまくんはとても喜びました。

（傍線を付した箇所は学習上のキーワードになっていきます。読み手にとっての謎です。）

第二次……（作品に対する〈読み〉を）深める

2 〈登場人物〉の話していることを、役割を決めて音読し、それぞれの人物が考え、思っていることがどのようなことなのか、掘り下げていきましょう（この〈謎〉の探究は、「読むこと」の「思考力、判断力、表現力等」A・Bの学習）。

(1) 〈登場人物〉の話していることを、役割を決めて音読しましょう。

(2) 次の「かえるくん」と「がまくん」の言動に注目し、一人一つの言動を担当し、その言動を「かえるくん」の側からと「がまくん」の側から、考えてみましょう。言動ごとに〈登場人物〉が考え、思っていることについて、ひと言でまとめ、発表し合いましょう。

①（第一の場面）「かえるくん」の言葉、「どうしたんだい、がまがえるくん。きみ　かなしそうだね。」の「きみ　かなしそうだね」に注目しましょう。↓これは「かえるくん」が「がまくん」の玄関の前にやって来ての、最初のひと言ですが、この言葉から分かる「かえるくん」の「がまくん」への態度、「がまくん」の「かえるくん」への態度はどのようなものでしょうか。「かえるくん」の上から目線、ズケズケとした態度が問題の焦点となります。

②（第一の場面）「がまくん」の言葉、「いま　一日のうちの　かなしい　ときなんだ。つまり　おてがみを　まつ　じかん　なんだ。そうなると　いつも　ぼく　とても　ふしあわせな　きもちに　なるんだよ。」の「かなしい　ときなんだ」、「とても　ふしあわせな　きもち」に注目しましょう。↓「がまくん」と「かえるくん」のそれぞれの考え、思っていることはどのようなことでしょうか。

「とても　ふしあわせな　きもち」も問題になっていくように語られています。

「がまくん」の、今まで一度も手紙をもらったことのなかったことによる「かなしい」、「とてもふしあわせな　きもち」が表明されたときに、語られてはいませんが、「がまくん」に手紙を出したことのなかった「かえるくん」の「かなしい」、「とても　ふしあわせな　きもち」も問題になっていくように語られています。

③（第一の場面）「かえるくん」の言葉、「ぼく　もう　いえへ　かえらなくっちゃ、がまくん。しなくちゃ　いけない　ことが　あるんだ。」の「しなくちゃ　いけない　こと」に注目しましょう。

↓「かえるくん」と「がまくん」のそれぞれが考え、思っていることは何でしょうか。「かえるくん」が、「しなくちゃ　いけない　こと」があると言って、急に「がまくん」の家から自分の家に大急ぎで帰ってしまったときに、「かえるくん」は何をしようとしたのでしょうか。なぜ、そのことをしようとしたのでしょうか。自分が「がまくん」に手紙を出したことがなかったことが問題になっています。「がまくん」のほうは「かえるくん」のこの行動をどのように考え、思っているのでしょうか。何だか分からないだけでなく、良い印象も抱いていないでしょう。

④（第二の場面）「かえるくん」の言葉、「かたつむりくん。」、「おねがいだけど、この　てがみを　がまくんの　いえへ　もって　いって、ゆうびんうけに　いれてきて　くれないかい。」の「（かたつむりくん、がまくんの　いえの）ゆうびんうけに　いれてきて　くれないかい」に注目しましょう。

↓「かえるくん」の考え、思っていることは何でしょうか。「かえるくん」が「ゆうびんうけにいれてきて　くれないかい」と「かたつむり」に頼んでいますが、「かえるくん」は、なぜ、「かたつむり」に頼んだのでしょうか。自分が先に「がまくん」の家に戻りたかったのでしょうが、毎日毎日手紙を待っている「がまくん」の思いとは「ずれ」ています。「かたつむり」に頼んだことは、こうした事態を浮かび上がらせますが、それだけではなく、このことは〈語り手〉の語りの仕掛けになっており、「かえるくん」と「がまくん」が「四日」手紙を待ち続けるという事態の前提になっています。このことは後で問題にする「しんゆう」問題にも関わっていくでしょう。

⑤（第三の場面）「がまくん」の言葉、「ぼく　もう　まって　いるの　あきあきしたよ。」の「あきあきしたよ」や「いままで　だれも　おてがみ　くれなかったんだぜ。きょうだって、おなじだろうよ。」の「あきあきしたよ」、「きょうだって、おなじだろうよ」などに注目しましょう。→「がまくん」の考え、思っていることは何でしょうか。「がまくん」に「あきあきしたよ」、「きょうだって、おなじだろうよ」など、いじけた思いを聞かされたときに、「かえるくん」が考え、思ったことは語られてはいないのですが、その原因は自分にもあるというように聞いていたのではないでしょうか。

⑥（第三の場面）「かえるくん」の言葉、「だって、ぼくが　きみに　てがみ　だしたんだもの。」の「ぼくが（君に手紙を出した）」に注目しましょう。→「がまくん」は名指しで「かえるくん」から手紙が来ていないことを言っていませんが、「かえるくん」はこのことを気に病んでおり、いち早く手紙を出したことを言ってしまったのではないでしょうか。それゆえに、手紙を出したこととその内容まで言ってしまったのでしょう。しかし、この「かえるくん」の選択はまだジコチュウである、と言うことができます。このことに応じて、〈語り手〉によって、「しんゆう」問題が仕掛けられていきます。これも「「かえるくん」のてがみ」とともに、〈語り手〉の語りの仕掛けです。

⑦（第三の場面）「かえるくん」の言葉、「ぼくは　こう　かいたんだ。『しんあいなる　がまがえるくん。ぼくは　きみが　ぼくの　しんゆうで　ある　ことを　うれしく　おもって　います。きみの　しんゆう、かえる』」の「ぼくの（きみの）しんゆう」に注目しましょう。↓「かえるくん」と「がまくん」のそれぞれが手紙の内容について考え、思っていることはどのようなことでしょうか。

3　「ふたりとも　かなしい　きぶんで　げんかんの　まえに　こしを　おろして　いました。」（第一の場面）と「ふたりとも　とても　しあわせな　きもちで　そこに　すわって　いました。」（第三の場面）で、「ふたりとも」という言葉が二回、使われています。それぞれの場面での「かえるくん」と「がまくん」の気持ちについて考えてみましょう（この〈謎〉の探究は、「知識及び技能」の学習から「読むこと」の「思考力、判断力、表現力等」Ａの学習へ展開）。

［3の学習の別案］

（絵本版の五四―五五頁の上段と六二―六三頁の上段には、）「がまくん」の家の外の玄関で、「がまくん」と「かえるくん」の二人が手紙を待っている絵があります。前の場面の説明が「ふたりとも　かなしい　きぶんで　げんかんの　まえに　こしを　おろして　いました。」です。後の場面の説明が「ふたりとも　とても　しあわせな　きもちで　そこに　すわって　いました。」です。「がまくん」と「かえるくん」はそれぞれどのようなことを考え、思っているのでしょうか。このことを踏まえて、次のような学習に取り組んでみましょう。

(1) 二か所のさし絵の共通している点と異なっている点を見つけましょう。
(2) 自分が前の場面を担当するのか、後の場面を担当するのか、決めましょう。
(3) 前の場面を担当する人は第一の場面を、後の場面を担当する人は第三の場面をそれぞれ小さな声で音読し、さし絵から想像した「がまくん」と「かえるくん」のそれぞれが考え、思っていることを、各自、ノートにまとめましょう。
(4) 教室全体で、前の場面から分かること、後の場面から分かることを発表しましょう。
・前の場面から分かることは、二人の視線はあごをあげて遠くを見て、二人とも手のひらを前で組んでいることです。「がまくん」と「かえるくん」はそれぞれ、何か、見ているようです。何を見ているのでしょうか。どのようなことを考え、思っているのでしょうか。二人それぞれについて取り上げましょう。
・後の場面から分かることは、二人の視線はあごを引いて近くを見て、二人とも肩を組み合っていることです。「がまくん」と「かえるくん」はそれぞれ、何か、考え、思っているようです。「がまくん」と「かえるくん」はそれぞれどのようなことを考え、思っているのでしょうか。二人それぞれについて取り上げましょう。
(5) 教室全体で、二つの場面から分かる「がまくん」と「かえるくん」のそれぞれの考え、思っていることとの共通している点と異なっている点をまとめましょう。

〈語り手〉の「ふたりとも」という語り方で問題になっていくことを、それぞれの〈登場人物〉の考えや思いを「ふたり」の態度（様子）から問題にしていくことになります。

4（第四の場面は、）「ながい　こと　まって　いました。」、「四日、たって」と始まります。次の二つのことを考えてみましょう（この〈謎〉の探究は、「読むこと」の「思考力、判断力、表現力等」のBの学習）。

⑴「がまくん」と「かえるくん」は、「四日」の間に、それぞれどのようなことを考え、思っていたのか。

⑵「かえるくん」が「かたつむり」に「がまくん」のところに手紙を届けてもらうように頼んだのはよかったのか。

1、2、3の学習によって、手紙を出した「かえるくん」と受け取った「がまくん」との対応の「ずれ」が浮かび上がってきますが、〈語り手〉がこの事態に対して「あたたかさ」を貫いて語っていることも分かります。このことは「手紙」という形式の特質にも関わっています。相手の側から考え、思うことが書くことに求められ、書かれていないことに向き合うことが読むことには求められています。「かたつむり」の果たしている役割に注目して、「おてがみ」を読み直してみることが課題となります。「「かえるくん」が手紙の配達を「かたつむり」に頼んだこと」だけでなく、「「かえるくん」が「てがみ」を出したのを言ってしまったこと」、「「かえるくん」が手紙に「しんゆう」と書いたこと」、

「そのことを「がまくん」に言ってしまったこと」、「二人で「四日」待ったこと」に注目して考えてもいいでしょう。

〈語り手〉は「てがみを　もらって、がまくんは　とても　よろこびました。」と語っています。「がまくん」が手紙をもらって「よろこび」ましたと語られている、そのとき、「かえるくん」も「よろこび」の中にいたのでしょう。その「よろこび」は「がまくん」に自分に手紙が届いたことと四日間、二人で手紙を待ち続け、そのことによって、「しんゆう」という事態を体験し続けてきたことによっています。相手側から考え、思い続けたことによっているのです。「がまくん」も、です。前半の「がまくん」の「かなしい」「ふしあわせな　きもち」は誰からも手紙をもらったことがないことに対応しています。「がまくん」のこの告白は「かえるくん」を「かなしい」「ふしあわせな　きもち」にさせています。「かえるくん」は「がまくん」の言葉に共振しています。「かえるくん」も「がまくん」に手紙を出していないからです。後半の「かえるくん」の「しあわせな　きもち」は、「がまくん」に手紙を出し、その内容にも喜んでもらえていることに対応しています。「がまくん」の、こうした対応に接した「かえるくん」も「しあわせな　きもち」になっています。このように二人の考えていること・思っていることは「ずれ」てはいるけれど、手紙をめぐってのいくつかの出来事の中で、お互いに一つのものになっていきました。「かえるくん」が手紙を「かたつむり」に頼み、それに「しんゆう」と書いてあるのが分かっていても、二人で「四日」、一緒に待ち続けることによって、このことはますます確かなものになっていきます。

5 〈第一の場面は、〉「がまくんは　げんかんの　まえに　すわって　いました。／かえるくんが　やって　きて　いいました。／「どうしたんだい、がまがえるくん。きみ　かなしそうだね。」」というように始まっています。〈第四の場面は、〉「てがみを　もらって、がまくんは　とても　よろこびました。」というように終わっています。各自、次の問いかけに従って呟いてみましょう（この〈謎〉の探究は、「読むこと」の「思考力、判断力、表現力等」のBの学習）。

(1) 「がまくんは　げんかんの　まえに　すわって　いました。／かえるくんが　やって　きて　いいました。／「どうしたんだい、がまがえるくん。きみ　かなしそうだね。」」とあり、そのあと、「かえるくん」は「がまくん」にあれこれ聞いていくことから、この話は始まっています。「かえるくん」の、この言い方に対して、「がまくん」はどのように感じているのか。

(2) 「てがみを　もらって、がまくんは　とても　よろこびました。」というようにこの話は終わっています。「がまくん」の「よろこび」はどのようなことによっているのか。書かれていない「かえるくん」の思いはどのようなものか。

(3) 二つの場面を比べて、「かえるくん」の変化していること、「がまくん」の変化していることは、それぞれどのようなことか。

「かえるくん」と「がまくん」のやり取りの特徴は、「かえるくん」が「がまくん」の側から、「がまくん」が「かえるくん」の側から、互いに相手側から考えようとしていることです。この事態は、

「がまくん」が誰からも手紙をもらったことがないこと、「かえるくん」が「がまくん」から誰からも手紙が来ないことを教えられたこと、「がまくん」が「かえるくん」から手紙が来ることを知っていること、「かえるくん」が「かたつむり」に配達を頼んだので、「がまくん」がなかなか手紙が来ないことを気にしていること、「がまくん」が「かえるくん」から手紙を出したことを教られたこと、「かえるくん」が「がまくん」に手紙の着く前に教えてしまったこと、「がまくん」が「かえるくん」の手紙に「ぼくの　しんゆう」と書いてあるのを知ること、「かえるくん」と「がまくん」が二人で「がまくん」の家の玄関前に座って、長い間、手紙を待ち続けたこと、「かえるくん」と「がまくん」が手紙を受け取ったこと、こうした事態の中で、互いに相手側のことを考え、思い、自らの考え、思いを深め続けていたのです。そのことによって、それぞれの考えも深化していったのでしょう。こうした事態が、四日たって手紙が届いたときに、〈語り手〉の「あたたかさ」として〈聴き手〉に感じられていくのではないでしょうか。

〈語り手〉の語りは「かえるくん」と「がまくん」がお互いに相手側から考え、思い、そのことが激化していくように仕掛けられています。山中がこの作品の「ずれ」と「あたたかさ」を感じたのはこうしたことによるというように受け止めることができます。「ずれ」は相手側からの考え、思いによって、自らの考え、思いを相対化していくように働いています。こうしたことに着目して、〈語り手〉の語りの「あたたかさ」の現れ、〈作品の意志〉の現れを読んでいくことになります（干渉なき、各自の呟き活動とそれぞれを聴き合うことが大事）。

第三次　（作品の提起していることについて）考える

6　〈語り手〉が「かえるくん」と「がまくん」の、それぞれの心のドラマをどのように語り、そこにどのような事態を見出しているのか、考えてみましょう（この〈謎〉の相互確認は、「学びに向かう力」に関わる学習）。

①〈語り手〉によって、今まで誰からも手紙をもらったことのない「がまくん」に対しては、「かえるくん」から初めて「てがみ」をもらい、さらにその手紙に「しんゆう」と書かれていたことに喜んでいることが語られています。「かえるくん」に対しては、自身も「がまくん」に初めて「てがみ」を書いて喜ばれ、そのことを告白したことによって、さらに喜ばれていることが語られています。

②「かえるくん」がその手紙に「しんゆう」と書いたことによって、そのことに応えるために「がまくん」とともに「四日」間、手紙を家の玄関で待ち続けることになったことが語られています。

③「がまくん」と「かえるくん」の手紙をめぐる認識には「ずれ」があったのですが、「かえるくん」のしたことは「がまくん」に大きな喜びを与えるものになっています。〈語り手〉によって、二人の間の「ずれ」は埋められ、二人の考えていることや思っていくことは一つになっていくように語られています。

④「四日」間、二人が玄関で中身を知っている手紙を待ち続けていたことは決定的に重要なことだったのです。

⑤このことは「かたつむり」に手紙を届けることを頼んだことによっています。「てがみ」が届くこ

とに時間がかかることに大きな意味があったのです。このことによって、「おてがみ」という作品の「あたたかさ」の仕掛け、「かえるくん」と「がまくん」がたどり着いた「ふたりとも」の世界が現れ出てきます。〈語り手〉の語りの仕掛けの根幹である、と言うことができます。「ずれ」た存在である「かえるくん」と「がまくん」がそれぞれ、ともに相手の側から考え、思うという深層のドラマが、〈語り手〉の眼差しの中に現れ出てきます。「かえるくん」も「がまくん」もそれぞれ反「私」とともに生きています。こうしてふたりはともだちになっていったのです。

〈物語〉の表層では「ずれ」ているのですが、深層では「一つ」という事態が、〈登場人物〉のレベルではなく〈語り手〉の眼差しの中で開かれていきます。この事態は〈小説童話〉、「近代小説の《神髄》」の現れというように把握することができるでしょう。

付記　「おてがみ」は『お手紙』という表題の表記で、現在、小学校二年生、あるいは一年生の国語教科書に掲載されている。アーノルド・ローベル作の「おてがみ」が収録された絵本仕立ての、短編集『ふたりはともだち』の英語版が出版されたのは一九七〇年、三木卓訳の日本語版が出版されたのは一九七二年である。光村図書の国語教科書（一九八〇年版）に掲載され、その後、他社の教科書にも掲載され続けている。本稿における作品の引用は、基本的に「おてがみ」（『ふたりはともだち』所収、文化出版局、一九七二年）による。ルビなどは省略した。書籍版の日本語訳と教科書版の日本語訳には異同があるが、このことの検討は省略させていただいた。

スイミー

レオ＝レオニ／谷川俊太郎訳

作品研究

『スイミー』が教えてくれるもの
―語り手の思想をめぐって―

馬場重行

Ⅰ　教材化のための前提

レオ＝レオニが一九六三年に発表した絵本『スイミー』は、谷川俊太郎訳『スイミー　ちいさなかしこい　さかなの話』として一九六九年好学社から出版され、小学校二年生用教材として教科書に採択され現在に至っている。

この作品の教材化に伴う問題点については、既に先行文献でいくつか問題提起がなされている。例えば有働玲子は、「教材「スイミー」の指導の一考察―挿絵の意義について―」(1)で、「教科書教材「スイミー」が小学校二年生に採択された変遷の概要を特に挿絵の観点から」まとめつつ、「絵本の絵を読むこと」の重要性を指摘している。横山信幸は、「何が問題か「「スイミー」を読む　自分らしさとの出会い」庄司たづ子・『語り合う文学教育』二〇〇九年二月」を読んで」(2)で、「絵本の絵は、子どもたちにとって生きる場所でもあるし、また発見の場所なのである」と明言、そのうえで「問題は教科書にある」と断定、「挿絵を省略した教科書」の問題性を明確に指摘し、教科書収録の問題性を暴いている。

これらの批判は正鵠を射ており、原典の一部を切り貼りする形で十頁に縮められた形の教科書が現に、存在する。諸々の制約が背景にあるのかもしれないが、作品の成立にとって極めて重要な要素を削り落としてしまうような採録の仕方は、著者にも学習者にも非礼に当たるだろう。より工夫を凝らし、原典を尊重した採録にしてほしい（一例にすぎないが、場面の一部は縮小したうえで絵を含めた原文の全てを学習者に提供するといった改善の余地はあるのではないか）。

そういう次第で、ここでは教科書収録本文は参照程度に止め、原典の絵本に拠って論じていくこととする。

絵本をテキストとする以上、絵の重要性には改めて注意しておくのは当然のことである。「みんなあかい」とされる「小さな魚のきょうだいたち」は、絵で見ると実際は輪郭が赤く縁どられているだけで身体は白、というよりも透明のように見える。そして集団となったときの姿にも、輪郭の曖昧なぼやけた感じで描かれている。スイミーが出会う他の海の生物たちも、色を重ね塗りされたぼんやりとした姿ばかりである。最初から最後まで、明確な黒の身体を持つスイミーとの相違は明確なのである。絵を通じて、読み手にスイミーの独自性をはっきりと示そうとする意図がここには認められる。絵の可能性や力を前提にした作品が『スイミー』であることを確認しておきたい。

テキスト確定のためにはさらなるハードルが控えている。それは、谷川俊太郎の訳文の問題である。優れた詩人であり、多くの翻訳作品を世に送り出している谷川俊太郎の訳文は、読み手の気持ちに添うような言葉遣いであり、やはり巧みなものと言えよう。しかし、些か詩人自身の〈読み〉に引き寄せ過ぎた訳文となっているという側面もあるのではあるまいか。
谷川訳に鋭い異議申し立てを行い、見事な説得性をもって『スイミー』論の新たな〈読み〉の可能性を示唆しているのが、魏敏「『スイミー』の翻訳と作品解釈の差異」(3)である。魏は、原文と谷川訳と中国語訳を比較対照しつつ、作品の方向性を主導する翻訳の課題について基本的な問題点を提示している。

谷川俊太郎が翻訳した日本語版には副題がついている。「スイミー――ちいさなかしこいさかなのはなし」だった。この副題によって、物語の焦点は主人公のスイミーになる。恐らく翻訳の過程においても、谷川はスイミーの行動や体験に重点を置いて描いたと思う。個性を生かし、黒いことを弱みから強みに逆転させたかしこいスイミーの話になっている。スイミーの経験に基づいた発言「面白いものがいっぱいだよ」も、「スイミーは考えた。いろいろ考えた。うんと考えた」という原作にない具体的な描写もそこに原因があったのではないだろうか。ところが、原作の主題は、「SEE」と「THINK」という発見・思考にあり、個性を生かすことはもちろん大事だが、それよりも自発的で積極的な体験や行動によって自己認識を形成していくことに重点があると感じられる。こういった主題の捉えのズレは翻訳者から読者まで伝わっていくと思う。(傍線原文・原文横書)

「原作の主題であると考えられる「自らの行動(発見・思考)による自己認識の形成」を、スイミーが個性を生かして困難を克服した成長物語に変えたところは検討されるべき」という魏の指摘は重要であり、谷川訳にそのまま従うだけでは見えてこない問題への注目を改めて要請させるだろう。

魏論が引く、「元フィンランド駐在の外交官で国際教材作家の北川達夫」の「報告」も興味深い。それによると「協力することの大切さ」という日本の子どもたちの反応に比べ、フィンランドの子どもたちは「集団には指導者が必要だ」という意見が多いという。「では、スイミーというのは優れた指導者だろうか、無謀な指導者だろうか」と問うと「無謀な指導者だ」という意見が多く、「外の世界は楽しいよ、なんて軽薄な理由で、全員の命を危険にさらしたから」というのがその理由だという。二つの国の子どもたちの〈読み〉の相違には国柄の違いがあるのは無論だが、翻訳の問題点もそこに伏流しているように思われる。

稲葉昭一「「見ること」の意味―『スイミー』試論―」[4]は、「原点に立ち返るように、原文をしっかりと読み取って、拙訳を試みてみる」として、自身の訳文を土台に作品を検証してみせる。魏論の指摘や稲葉論の実践を参照すると、教科書にある谷川訳のままの受容とは異なる作品理解への糸口が見えてくる。

『スイミー』の教材化にあたっては、あくまでも「国語」という教科における〈ことば〉をめぐる教材とすべきという、至極当然の事柄も指摘しておきたい。

鶴田清司[5]、加藤辰雄[6]、今井美都子[7]など、『スイミー』の授業実践をめぐる研究は豊富に蓄積されてきている。しかし中には、お芝居にしたり、遊戯を交えたりといった形で授業の活性化を図るといった取り組みも散見される。発達段階との兼ね合いや、他の教材との授業計画といった別要素なども当然あるのだろうが、やはり〈ことば〉の学習という基本姿勢は大事にすべきだと考える。優れた絵本という作品の基本から大きく逸脱してしまっては、せっかくの教材の価値を十全に活かすことは難しいだろう。

『スイミー』を読むためには、まず絵本という原典のあり方を重視し、さらに、訳文における問題点をも視野に入れ、どこまでも〈ことば〉の学習という教育目標を大事にして考察することが必要だと考える。テキスト確定のための、最低限の前提をこのように確認しておきたい。以下、絵本『英語でもよめるスイミー』(好学社)をもととし、魏訳、稲葉訳を適宜参照しつつ、拙い形ながら私見の一端を述べてみたい。

Ⅱ　語りのあり方

先に見たとおり、「元フィンランド駐在の外交官で国際教材作家の北川達夫」の「報告」では、「協力することの大切さ」という日本の子どもたちの反応が紹介されていた。新型コロナウイルス禍に見まわれる現在の日本社会では、特に強調しておきたいと思うことがある。それは、こうした〈一致団結〉思想の問題である。

〈みんなで協力すれば、怖い敵にも打ち勝てる〉といった集団の協力を『スイミー』から読み取るあり方は、実践報告などにも表れている。例えば、鶴田清司『〈解釈〉と〈分析〉の統合をめざす文学教育』[8]では、佐々木俊幸の「対比の指導」を紹介(佐々木論は、佐々木俊幸・西尾一共著『分析批評による「やまなし」への道』一九八六年一月、明治図書)したうえで、「この作品の主題・思想は、「小さくて数は多いが弱いもの」が力を合わせることによって「大きくて数は少ないが強いもの」に打ち勝つという図式に凝縮されている」と述べる。このような、集団化して危機を脱するスイミーの知恵を良しとし、〈みんなで協力することの大切さ〉という、一見抗い難い〈教え〉を読み取ってしまう、ある種の徳目主義的読解傾向には強く反対の意思を表さねばならない。作品の価値を貶め、同調圧力を強化し、悪しき全体主義へと導く誤った学習を誘因しかねないとの危惧を払拭しきれないからである。『スイミー』という絵本は、むしろそういった集団化に伴うある限界性、危険性のほうに読者の目を向けさせる点に、その傑作性が存するというのが本稿の立場である。先の「報告」にあった、フィンランドの子どもたちの「スイミーというのは」「無謀な指導者」という理解の底に潜む批判精神こそが、大切にされるべき教材価値へと通底している。

冒頭で引いたように、『スイミー』は最初に谷川俊太郎訳で出版されたとき、副題に「ちいさなかしこい　さかなのはなし」と付けられていた。現在の教科書収録本文にこの副題は見当たらないし、「英語でもよめる」と題された手元の絵本にもこの副題はない。むろん、原文にないこの副題には訳者の意図が刻まれている。谷川はこの物語からスイミーという「ちいさい」「さかな」の「かしこい」面を読み取り、主としてそこを読者に伝えようと訳したのであろう。では、彼が読み取った「かしこい」あり方とは何か。恐らくは物語の末尾、巨大な魚に変身しその「目」に自らがなることで、正に〈画竜点睛〉としてこの話が完成すると読み取ったのではあるまいか。だが、果たしてそうだろうか。前引の実践報告に表されるような〈みんなで協力することの大切さ〉〈仲間と力を合わせ団結すれば、どんな敵にも打ち勝てる〉といった類の読解が前面にせり出されてしまう原因の一つに、谷川のような〈読み〉の問題が隠されているのではあるまいか。ここで、先に引いた魏論に「原作の主題は、「SEE」と「THINK」という発見・思考にあり、個性を生かすことはもちろん大事だが、それよりも自発的で積極的な体験や行動によって自己認識を形成していくことに重点があると感じられる」という極めて重要な指摘があったことを想起しておきたい。

改めて原文のポイントとなる箇所を、谷川訳と稲葉訳を並列させることで確認してみたい（太字は引用者）。

“Let's go and swim and play and SEE things!” he said happily. “We can't,” said the little red fish. “The big fish will eat us all.”

（谷川訳）

「でて こいよ、みんなで あそぼう。おもしろい ものが いっぱいだよ！」「だめだよ。」ちいさな あかい さかなたちは こたえた。「おおきな さかなに たべられて しまうよ。」

（稲葉訳）

「さあ、泳ぎに行って、何でも**見ちゃう**ごっこをしよう！」彼はうれしそうに言いました。「できないよ」小さな赤い魚は言いました。「だって、大きな魚が私たちをみんな食べちゃうもの」

“But you can't just lie there,” said Swimmy. “We must **THINK** of something.”

（谷川訳）

「だけど、いつまでも　そこに　じっと　してる　わけには　いかないよ。なんとか　かんがえなくちゃ。」

（稲葉訳）

「でも、そこにただいたってダメだよ。」スイミーは言いました。「ぼくらは何かを**思いつかないとね**」

Swimmy thought and thought and thought.
（谷川訳）
スイミーは　かんがえた。いろいろ　かんがえた。うんと　かんがえた。
（稲葉訳）
スイミーは考えて、考えて、考えました。

原文で強く印象付けられるのは、スイミーが「見ること」「考えること」にいかに関わっているかという点である。「thought」はもちろん「THINK」を受けた表現であり、同じ語の繰り返しの単調さを避けて「いろいろ」「うんと」といった形容詞を用いた谷川訳の工夫も理解できるが、やはりここは、スイミーの「考えること」への強いこだわりを大事に訳した稲葉訳のほうが原文の意志を尊重していると言えるだろう。スイミーがこうした「見ること」「考えること」へ深い意味を見出せた理由は、ここまでの物語展開に明瞭に語られていた。

「きょうだい」たちを恐ろしい「まぐろ」に一瞬にして食べられるという悲劇に見舞われ、哀しみと寂しさを抱えてたった一人で海の中を逃げまどうという辛い経験が、「見ること」「考えること」を強く引き出させる重要な要因になっていることが、ここには語られている。さらに、海の中で様々な生き物たちと出会った体験がスイミーに新しい世界を発見させ、それが「見ること」「考えること」の意味を考察させる源ともなっている。スイミーにおける「見ること」「考えること」とは、生死の際という極限の体験、そこからの脱出とその後の新しい世界との邂逅といった劇的な人生体験に裏打ちされた深みのある問題であった。何よりこのスイミーの恐怖や孤独、あるいは、そこからの新たな開放の喜びといった内面への共感が読み手には必要であり、スイミーの〈かしこさ〉を強く押し出す谷川訳は、そうした側面に不十分さが残る訳となっていると言わざるを得ない。

そして、もっと大事なことは「見ること」「考えること」とは何かという、極めて本質的な問題をこの作品が語っているという点にある。

『スイミー』は、改めて言うまでもなく絵本であり、幼い読者に物語世界の豊かさと楽しさを教えてくれる優れた作品である。だがこの作品が素晴らしいのは、そうした地点に止まらず、世界解釈の重要な手がかりを読み取ることができる点にある。傑作とはそうしたものだ。問題の本質を、ドラマを通して問うという姿勢には、年齢の壁など存在しないと思う。発達段階や教材を扱う手続きといった現実的な側面は無論大事にしながらも、これを教材として教室に持ち込むためには、作品の奥行を可能な限り測定しておく努力もまた求められるのは当然のことである。

『スイミー』が教えてくれる重要な問題は、「見ること」「考えること」とは何かという、ものの見方、捉え方である。スイミー自身は、世界を「見ること」「考えること」が、果たして十全にできていたのだろうか。そもそも、「見ること」「考えること」とは、いかなることなのだろうか。この絵本は、そうした根源的な知の源流へと読み手を拉致していく力に満ちていると思われる。

Ⅲ　語り手の思想

川村湊は「スイミー、あるいは平面の魚について」[9]で、「小さな魚たちが群れとして大きな魚の形をとるならば、それは立体的なものでなければならないのに、スイミーが目の役割を果たすように、それはあくまでも絵本の画面として平面的なものなのだ」と指摘、「スイミーが「平面の魚」であるという意味は、全体や集団の中に埋没する「個」にしか過ぎないということと、それだからこそ、「はなればなれにならず」「もち場をまも」ることによって、「大きな魚」に対抗する力を持ち得たということである。いわば、スイミーたちは、一つ大きな鏡として、大きな魚のその虚像を映し出し、大きな魚は自分自身の姿の虚影を見て、逃げ出したのである」という作品理解を示した。

確かに、スイミーは平面の横からの世界にのみあって、目になることができるのも横からだから可能なのであった。別言すれば、本当の奥行のある世界には至っていないのである。登場人物スイミーにはわかっていないこの問題を、語り手はよくわかって語っている。いわば語り手は、ここでのスイミーの「かしこい」あり方のある種の限界をこそ語っていると言えるのではあるまいか。学習に即して言えば、物語を楽しんでから、〈でもこれで本当にいいのかな〉と話し合うこと、物語が閉じられた後のスイミーたちのことを我がこととして考えてみること、絶対的な解決策などないからこそ、その場に応じた最善策を見出すには「見ること」「考えること」がいかに重要かをもう一度よく知ること、などを教えることが可能となろう。大きな魚を追い出して物語は終わるが、そこから本当に大切な生の課題は始まる。そこに至るまでを提示することが可能かどうか、教材価値はそこで決まる。

世界が仮にこの絵本と同様の「平面」だったならば、スイミー的な「知恵」で生き延びることも、あるいは可能かもしれない。だが、世界の実体は複合的で多重的であり、仮に、「平面」世界では可能な解決策も、現実世界では不可能となる。どうすれば良いのか。他者を発見し「見ること」「考えること」が解答へと至る可能性を秘めている。物語の枠内に止まって、スイミーと同じ地平に立っているだけでは進展を望めないが、『スイミー』という絵本から示唆を得て、現実世界をどう「見る」か、「考える」かをよく極めることが大切になる。「見る」とは何か、「考える」とは何かという問題の本質へと至る道をどこまで深く豊かに掘り下げることができるのか、そのために必要なこととは何か、ここを考察する姿勢（生き方）を模索することであり、可能な限り思索を凝らすことである。

「見ること」も「考えること」も、世界と己との対峙の形を問うことに通じている。生死の分岐点をくぐり抜け、仲間と助け合うことで異物に擬態化し危機を脱したスイミーの〈かしこさ〉を、「平面」世界から離陸させ〈立体化〉していくこと。この難問と対峙するとき、作品『スイミー』は、世界との出会い方、向き合い方を、幼い読み手にも伝わるように巧みに物語化した秀作となる。それは、物語の表層を辿るだけでは発見できない、深層への読み深め、絵と十分に吟味された訳文双方の詳細な考察によって初めて可能となるだろう。

〈みんなで一つになって力を合わせることは、巨大な敵をもやっつけられる〉といった、〈集団化〉の賛美や同調圧力の強化にも通じる危険性を『スイミー』は確かに孕んでいる。

前引の「日本の子どもたちにこの発問をすると「協力することの大切さ」などが多い」という指摘、あるいは、フィンランドの子どもたちのスイミーは「無謀な指導者」という意見、この相違を魏は翻訳の問題と指摘するが、谷川訳にそうした協調性重視の傾向は認められるものの、それ以上に、現代の社会構造の影が色濃く反映している点を重要視すべきではないだろうか。

特に昨今の、ＳＮＳを中心とした社会のあり方には、過剰なまでの異質性排除の傾向が顕著である。「見ること」「考えること」への深い問いつめの過程から世界解釈を転換させていくこと。優れた文学作品は、物語の秀逸さを武器に、世界の根底に伏在している諸問題の根の部分を暴き、それの解決策に至るヒントを読者に教える役目を担う。『スイミー』における問題解決への道こそが、考察されなくてはならない。

あるいは〈幼い読者（学習者）に、そんな難しい理屈は不要〉という意見もあろうが、そうではないと考える。問題の本質は、年齢によって変容するものではない。もちろん、伝え方に年齢相応の対策を講じることは大事だが、真の問題に触れさせる必要性に何ら差異はない。「見ること」「考えること」という、生の根幹に関わる思想を巧みな物語を通じて手に入れ、読者自らの問題として深め拓いていくこと。語り手が提示する思想を辿って思索を深めていく点に、『スイミー』の教材価値を求めたい。

付記　『スイミー』の引用は、絵本『英語でもよめるスイミー』（好学社）によった。

註

(1)「解釈」二〇一二年五・六月号

(2)「語り合う文学教育」二〇一二年三月

(3)註(1)と同じ。

(4)「都留文科大学大学院紀要」二〇一〇年三月

(5)鶴田清司（一九九五）『「スイミー」の〈解釈〉と〈分析〉』明治図書

(6)加藤辰雄（二〇〇七）「「スイミー」（レオ・レオニ）の教材研究と授業づくり―「比喩」と「倒置」に目をつけ「事件展開」を読む方法を身につけさせる」科学的『読み』の授業研究会編『国語授業の改革7・教材研究を国語の授業づくりにどう生かすか』学文社

(7)今井美都子（二〇一〇）「第四章「スイミー」の授業実践史」（浜本純逸監修、難波博孝編『文学の授業づくりハンドブック・第1巻』溪水社）。今井はここで「作品の評価」として、谷川俊太郎「レオ・レオニと私」（『月刊絵本・特集レオ・レオニ』一九七四年、盛光社）、松居直『絵本・ことばのよろこび』（一九五五年、日本基督教出版局）、川村湊「スイミー、あるいは平面の魚について」（田中実・須貝千里編『文学の力×教材の力　小学校編2年』二〇〇一年、教育出版）、村瀬学「異種のもつ世界を伝え合うこと」（横山真佐子他編『人生ではじめて出会う絵本100』二〇〇一年、平凡社）、などを紹介。「授業の歴史」として、粂川佳寿子「実践提案・読解の読みから「読書の読み」へ」（『教育科学・国語教育』一九九六年、明治図書）、中西千恵「絵本『スイミー』の海を感じて―スイミーと同じ空間を旅する子どもたち―」（田中須貝）、永井直樹「想像豊かに読む楽しみを読書につなぐ・実践③「スイミー」（小２）」（安藤修平監修、国語教育実践理論研究会著『読解力再考　すべての子どもに読む喜びを―PISAの前にあること―』二〇〇七年、東洋館出版社）を取り上げ、それぞれの実践の成果と課題を指摘。難波博孝・三原市立三原小学校『PISA型読解力にも対応できる文学体験と対話による国語科授業づくり』二〇〇七年、明治図書）の難波の意見を紹介している。難波は、「最初「大きな魚」に立ち向かうことができなかった「スイミー」が、最後にはみんなの協力を得て立ち向かうことができました。つまり、「スイミー」は、「転換」を体験したのです。この変化は、「スイミー」の人生が大きく変わるぐらいの変化だったでしょうし、だからこそ、私たちはスイミーの勇気に感動するのです。」と述べている。

(8)　鶴田清司（二〇一〇）『〈解釈〉と〈分析〉の統合をめざす文学教育』学文社

(9)　田中実・須貝千里編（二〇〇一）『文学の力×教材の力　小学校編２年』教育出版

授業構想

「スイミー」の授業構想

難波博孝

I　はじめに

前稿の馬場は、「スイミー」について、「もっと大事なことは「見ること」「考えること」とは何かという、極めて本質的な問題をこの作品が語っているという点にある。」と述べる。また、「『スイミー』が教えてくれる重要な問題は、「見ること」「考えること」とは何かという、ものの見方、捉え方である。スイミー自身は、世界を「見ること」「考えること」が、果たして十全にできていたのだろうか。そもそも、「見ること」「考えること」とは、いかなることなのだろうか。この絵本は、そうした根源的な知の源流へと読み手を拉致していく力に満ちていると思われる。」とも述べる。

「スイミー」のスイミーは、何を見て、何を考えているのだろうか。見る前と後で、考える前と考えた後で、スイミーはどのように変わっていったのか。スイミーが何を見て何を考えどのように変わっていったのかを考えるような、そして、学習者自身が見て考えるような、それでいて、小学校低学年にとって楽しい授業にするにはどうしたらいいか、本論はそれを考えていきたい。

Ⅱ　スイミーがみたもの・みたこと・かんがえたこと

まず、「スイミー」でスイミーがみたもの・みたことを具体的に見ていきたい。「スイミー」が絵本であり、教科書教材も絵を多く取り入れていることから、スイミーがみたもの・みたことを明らかにするために、絵と文章の両方を見ていくことにする。

この作業のためには、考察対象とする絵と文章とを確定しなくてはいけないのであるが、これが「スイミー」においては、難しい仕事となる。「スイミー」は、教材として、二〇二〇年度版日本の小学校国語科教科書全てに掲載されている。ただ、難波（二〇二二）は、「「スイミー」の場合、教科書会社によって学年が異なる」と指摘し、原典と教科書教材（全4社、学校図書・教育出版・東京書籍・光村図書）はそれぞれ、文章も絵も全て異なっている（難波二〇二二の表2、表3、表4参照）という。

このように、学年も異なり文章も絵も異なるのが「スイミー」なのである。しかも「スイミー」の場合、その絵は挿絵ではなく、絵本としての絵であり、テキスト全体の重要な構成要素である（このことは本書の総論で詳しく述べる）。その絵がそれぞれの教科書会社によって異なることは、そのテクストを教材として教えるときに大きな影響を与えることは間違いないだろう。絵や図表を読むことも国語科であることはすでに定着している。したがって、「スイミー」に言及する際は、原典なのか

頁	スイミーがみているもの・みていること
1	特に何もみていない
3	（マグロにおそわれる）何もみていない
5	（くらいうみのそこ）何もみていない
7	くらげ
9	いせえび
11	さかないと
13	こんぶ
15	うなぎ
17	いそぎんちゃく
19	赤い魚
21	岩
23	赤い魚
25	くろいさかな
27	くろいさかな

表１：スイミーがみているもの・みていること

教材なのか、また教材ならば、どの会社版なのかが重要になってくる。そこで、まずは、日本語原典の『スイミー』を考察対象にし、後で、教科書版「スイミー」について考えることにする。

まず、スイミーが何をみているかについて、絵を中心にしながらみていく。スイミーは、全てのページに出ている。そして、絵からみると、スイミーの向きなどから、スイミーは何かをみているようである。では、表・裏・中表紙を除いた、中のページに限って、スイミーが何をみているか、確認する。ページごとに表にしたものが右の表1である。

スイミーは、最初は特に何もみていない。マグロに襲われ、くらいうみのそこをさまよっているときも何かをみているようではない。しかし、海の底に近づいてからは、そこにいるおもしろいものたちをしっかりみている。それは、スイミーの体の向きからもわかることである。うみのそこでおもしろいものをみたスイミーは、うみのそこから浮上した後も、赤い魚をしっかりみ、やっつけるあいてのくろいさかなもはっきりみている。こうしてみていくと、スイミーは、うみのそこにさまよう中で、おもしろいものに出会って、そこではじめて「みる」ことを知ったかのようである。

次にスイミーのかんがえたことについてみてみよう。「スイミー」でかんがえるところが出てくるのは、日本語訳原典一九ページと二二ページである。一九ページでは、日本語原典では、「なんとかかんがえなくちゃ。」英語原典“We must THINK of something.”、二二ページでは、日本語原典では、「スイミーは　かんがえた。いろいろ　かんがえた。うんと　かんがえた。」、英語原典では“Swimmy thought and thought and thought.”となっている。ここについて馬場は、「原文で強く印象付けられるのは、スイミーが「見ること」「考えること」にいかにかかわっているかという点である」と述べている。

ところで、ここのスイミーが考え出したのはなぜか。それは、赤い魚たちに反発を受けたからである。スイミーは、おもしろいものをみれば元気になることを体感として知っている。だから、赤い魚たちにも元気になってもらうために呼びかけを行った。しかし、そのような体感がない赤い魚たちは、恐怖が先に立ち反発をする。ここで、スイミーは、何度も呼びかけることをしない。スイミーが行うことは、なんども考えることであった。考えに考えて、あれほどに傷を癒やし自分にとって楽しかった自分の成功体験（体感）を手放す。そして、みんなを巻き込むプロジェクトを思いつき、実際に巻き込み、平和を得る（表表紙と裏表紙がそれを暗示している）のである。

Ⅲ　U理論から考える、スイミー

このスイミーの思考と行動の流れは、U理論と言われる「深い思考と行動」の理論の流れと酷似している。U理論とは、MITのC.Otto Scharmerが提唱した、個人と組織両方に関する、イノベーションの理論のことである。また、この理論は、「過去の延長線上にない変容やイノベーションを個人、ペア、チーム、組織やコミュニティ、そして社会で起こすための原理と実践手法を明示した理論（中土井二〇一四、一頁）」である。U理論の左半分は、次のような流れになっている。これについて、難波（二〇一七）から引用しながら詳細を見る。

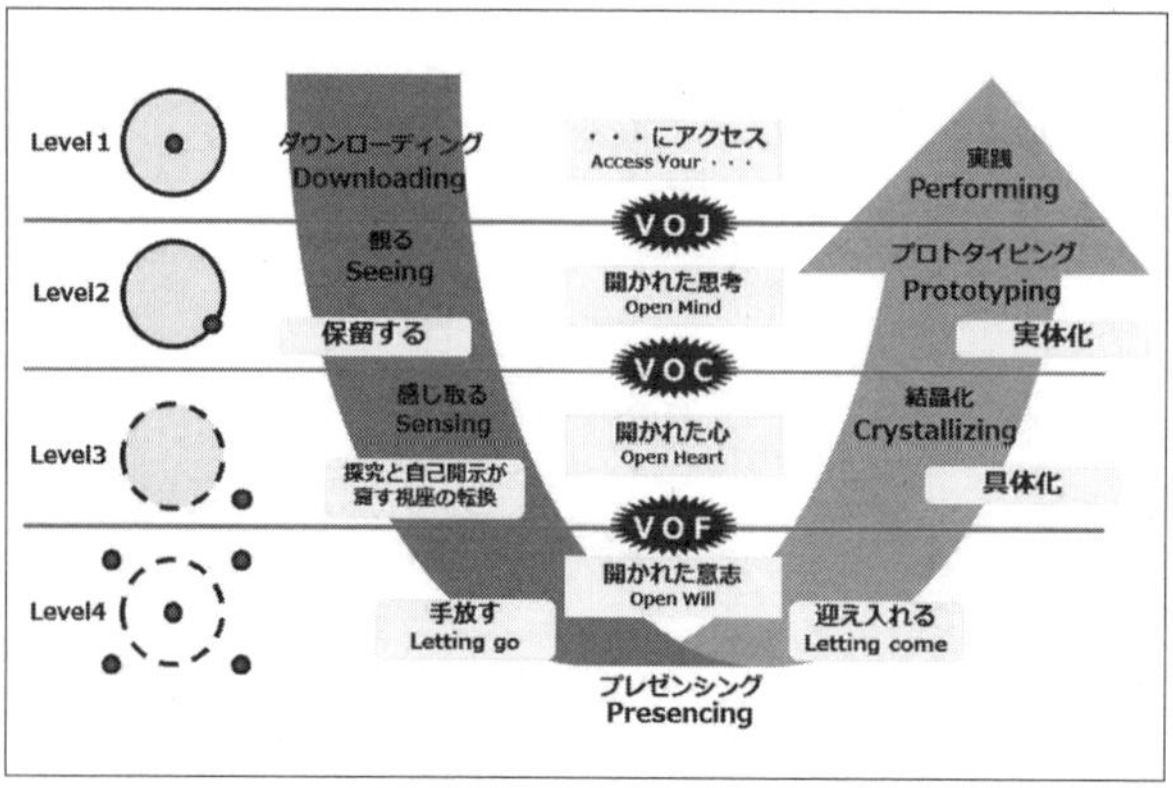

図は，http://www.authentic-a.com/theory-u による

(1)の段階について「(1)は、「浅い学び」の段階である。自分のいつもの思考パターン・枠組み・認識方法で物事を見ている段階である。新しい現象が起きたとしても、今までの思考パターンでその現象を捉えてしまい、本質が見えない段階である。自分が持っている知識が邪魔をする段階でもある。知識が多ければ多いほどこのDownloadingの段階に陥ることが多くなる」。(2)の段階について「(2)は、Downloadingから離れて、物事をただ観察する（Seeing）段階である。このとき、自分自身が持つ知識や思考パターンから離れて、判断を保留し「ただ見る」ことになる。その現象を新鮮なものとして、眺めるのである。」(3)の段階について「(3)は、感じ取る（Sensing）段階である。その現象を眺めている間に（中略　難波二〇二一）、見ている私と見られている対象とが一体となる段階となることである。このとき、見ている私は、自

分自身の殻をやぶり自分自身から離れ、見ている自分と見られている対象、そして、その状況とが一体となっていることを見ることになる」。

この段階に沿って、スイミーの前半の行動を見てみよう。日本語原典一〜二頁の、赤い魚たちと暮らしているスイミーが(1)の段階である。このときのスイミーは、まだなにも「みてはいない」。マグロに襲われ赤い魚たちが食べられひとりぼっちになったときもスイミーはまだなにも「みていない」。そして、くらいうみのそこについて、くらげたちと出会い、はじめてスイミーは「みる」。スイミーが「みること」を行えたのは、仲間を失い傷つき、うみのおくそこでさまようという経験をしたからである。「みること」はそれほどにたやすいことではない。

では、(3)の、感じ取る段階はどこか。それは、再び赤い魚たちと出会ったときである。うみのそこでおもしろいものをみたスイミーは、出会った赤い魚たちに「でてこいよ、みんなで　あそぼう。おもしろい　ものが　いっぱいだよ！」"Let's go and swim and play and SEE things!"と言っている。これは自分がおもしろいものを経験したことをただ伝えているだけである。しかし、それでは赤い魚たちは動かず、反発されてしまう。このとき、はじめてスイミーは、赤い魚たちが抱える恐怖を「感じ取った」。赤い魚たちの思いと一体になり「見ている私（＝スイミー）と見られている対象（＝赤い魚たち）とが一体となる段階」に入ったのである。

この段階まで来たとき、スイミーは、「手放す」ことを行う。あれほどに自分を助けてくれた、「うみのそこのおもしろいものを」「みた」体験を「手放す」。自分を救ってくれたおもしろい体験（体感）を手放すことができたのは、赤い魚たちと「一体」になり、彼らの恐怖を自分ごとにしたからである。ここから、スイミーは「かんがえる」ことを始める。

このようにみてきたとき、「スイミー」の前半部でのスイミーの変容は、決定的に重要であることがわかる。スイミーは、平穏な日常を破られ仲間を失った傷を負い、その傷を癒やしていく過程で、ただ「みること」に出会う。彼は、ここですでに自分の傷への執着から離れている。そして、赤い魚たちに呼びかけて反発された後は、おもしろいものをみることで自分が元気になった成功体験に執着せず手放し、赤い魚たちと一体になって、新たなプロジェクトを生み出す準備に入れた。スイミーの「かんがえる」には、その前に、自分自身の決定的な体験を「手放す」ことがあったのである。

ここから、(4)の段階に入る。(4)(Presencing：自分(組織)の無意識から見る＝深い学び)の段階については、「自分の無意識と世界の本質とがつながった段階である。(中略)U理論では、この段階を「未来からの出現」ということもある。(中略)自分が本来あるべき未来を前もって感じ取って、その方向に自分自身を歩ませることができる、ということである。(中略)この段階に至ると、自分が次に何をするべきかが自分自身の無意識から湧き上がっているのである」(中土井二〇一四)と説明されている。

ここでのスイミーは、赤い魚たちの恐怖を感じ取り、自分と自分たちが何をすればいいかを、考えている。それは自分が何ができるか、だけではなく、赤い魚たちの恐怖を感じ取ったうえでそれを包み込み、みんなが前に進めるようなことを考えている。そしてここではすでにスイミーは、私たち(We)がなんとかしなくちゃと考えている、つまり、包括的な「わたしたち」として考えている。そしてスイミーは、あるビジョンを得る。これはアイデアというよりも、ビジョン(未来の見える姿)

と呼ぶにふさわしいものであった。次には、このビジョンは言語化され、実行に移される。
(5)(Crystallizing：結晶化)の段階について、オットー(二〇一〇)は「結晶化するとは、未来の最高の可能性からビジョンと意図を明らかにすることだ」と述べ、中土井は「結晶化は必ず対話によってしか生まれません」、また、「相手の中でビジョンが芽吹くには問いかけ合い互いの言葉の背景にある思いなどにも耳を傾ける対話か、マルチンルーサーキングJr牧師の「私には夢がある」のスピーチのように、レベル4「プレゼンシング」の状態でかたりかけるしかありません」と述べる。
スイミーが行った赤い魚たちへのよびかけこそ、このキング牧師のような、プレゼンシングを経て語られることばである。「そうだ!」「みんな　いっしょに　およぐんだ。うみで　いちばん　おおきな　さかなの　ふりして!」[Then suddenly he said, "I have it!" "We are going to swim all together like the biggest fish in the sea!"] まずこの「そうだ」「I have it」に注目したい。これこそ、今から述べようとするビジョンが、「未来からやってきた」出現であることを示している。そして、次の言葉には、彼らの恐怖を打ち消す言葉がある。それがみんな(We)いっしょに(all)一人でやるんではないんだという思いになる。

そもそも、その前にはスイミーは、「出てこいよ、いっしょにあそぼう」と言っていたのである。しかし、私の成功体験は、あなたの成功体験ではない。スイミーのよびかけは、赤い魚たち個々の恐怖には打ち勝つことができなかった。そこでスイミーは、自分のそのような考えを手放し、赤い魚たちの恐怖に寄り添うことで、スイミー自身が経験して得た境地に至るためのプロセスと同じプロセスを歩ませようとすることを手放しているのである。そして、赤い魚たちの恐怖に寄り添い、全く別の考えを提案する。彼らの恐怖を取り除くためには、赤い魚たちに一緒になることを求めたのである。恐怖が生まれる外の原因はもちろん、まぐろなどのおおきなさかなである。だから、スイミーは「うみでいちばんおおきなさかなのふり」という。これによって外なる恐怖の原因に勝とうとする。しかしそれだけではなく、ばらばらさが恐怖を生み出すもう一つの原因であることを感じ取って、「みんないっしょに」とスイミーはよびかけたのである。赤い魚たちの恐怖の内なる原因と外なる原因を打ち消す言葉を、スイミーは、私たちを主語にして（日本語なら、みんないっしょに）語った。だから、赤い魚たちは、スイミーの「演説」を受け入れたのである。

(6)（Prototyping：実体化）の段階については、次のように説明される。オットーは「全体を理解して計画を立てる前に行動を迫り、頭と心と体に宿る知恵を一体にして、使えるようにする」という。しかしただ試行錯誤するのではなく、「プロトタイピングはセンシング、プレゼンシングと切り離された別個のものではなく、そのプロセスを通して生み出された源とのつながりがあってこそ成立するもの」とも述べている。

この段階でのスイミーと赤い魚たちのようすをみてみよう。「スイミーは　おしえた。けっしてはなればなれに　ならない　こと。みんな　もちばを　まもる　こと。みんなが、一ぴきの　おおきな　さかなみたいに　およげるように　なった　とき、スイミーは　いった。「ぼくが、めに　なろう。」」[He taught them to swim close together, each in his own place, and when they had learned to swim like one giant fish, he said, "I'll be the eye."]

プロトタイピングは単なる試行錯誤ではなく、プレセンシングと結晶化を経てそれを踏まえて作り出されるものである。しかし、そこまでは頭の中の段階であり、それを実体化するには試行錯誤する必要がある。それは、頭にあるイメージに近づくための試行錯誤である。そしてそのために、頭と心と体を使わなければならない。スイミーと魚たちは、まさしく頭と心と体を使って、「わたしたち」のビジョンである、うみでいちばんおおきなさかなになろうとする。それは、くろいさかなたちをやっつけるためでもあり、自分たちの内なる恐怖に打ち勝つためでもあった。

ここで注目しなければならないのは、スイミーは、初めから目になっているのではないということである。赤い魚たちが試行錯誤を繰り返し練習して大きな魚になれたときに初めて目になるというのである。ここには、ひっぱるだけのリーダーではなく、ビジョンを持ちながらもなかまをしっかり「みて」いるスイミーの姿がある。そして最後にスイミーは最前線に立つ。こうして、スイミーのビジョンは、おおきなさかなとして、赤い魚たちとともに、実体化されたことになる。

(7)（Performing：実践）の段階については次のように説明される。オットーは「実践とは、観衆や我々を取り巻く場所との深い結びつきによって生じるフィールドから活動することである。」と述べる。最後の場面のスイミーと赤い魚たちの様子をみると、「あさの

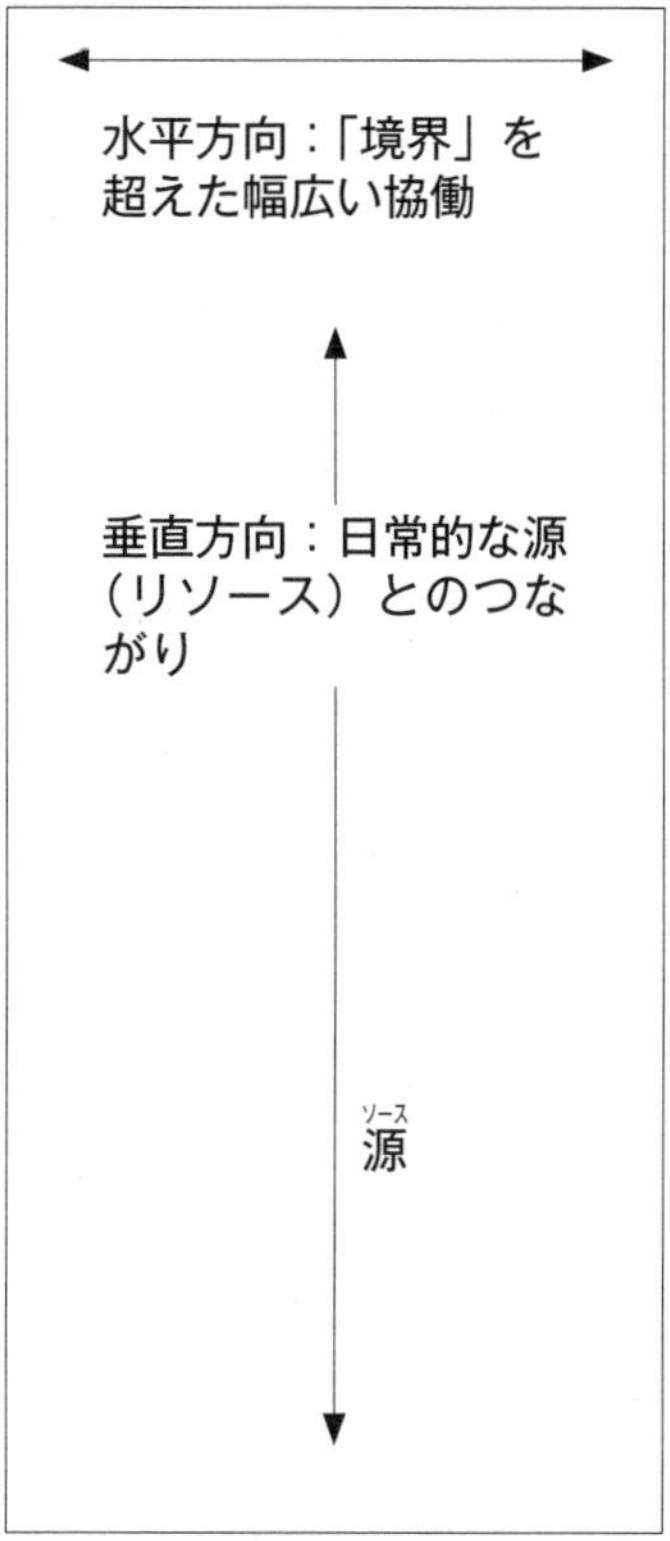

図１

中土井　二七四頁の図３―18を簡略化

つめたい　みずの　なかを、ひるの　かがやく　ひかりの　なかを、みんなは　およぎ、　おおきなさかなを　おいだした。」となっている。

実践とは、ここまでに形成されてきたビジョンを実行に移すことだが、単に行動することではない。オットーがいう「観衆や我々を取り巻く場所との深い結びつき」のもとに、実行に移していくのである。スイミーに即して考えてみよう。スイミーは、自身の成功体験を手放し、赤い魚たちの恐怖によりそい、そこから、ビジョンを得た。それを言葉にし、赤い魚たちを巻き込み、試行錯誤を繰り返しながら、そこにいるメンバーの身体が一つになるようにした。この行動を貫いている源は何だろうか。それが冒頭の「たのしくくらしてた」（A Happy school）である。彼らは、これを再び手に入れることが私達の「源」（使命　ミッション）になっていた。これが垂直方向の軸である。そして、この垂直方向の軸があることにより、スイミーと赤い魚たちは、「境界」を超えて、協働することができた。境界を超えたことを象徴するのが「ぼくが、めになろう」であった。

この実践は、二つの軸に支えられた、確かにU理論のいう、真のイノベーションの実践であった。しかし、忘れてはならないのは、この実践は短い時間で行われたことではないことである。日本語訳原典をみると「あさのつめたいみずのなかを、ひるのかがやくひかりのなかを、みんなはおよぎ、おおきなさかなをおいだした」とある。つまり、まだ水が冷たい朝から、陽光輝く昼間までかかって、半日以上かけて、みんなで、おおきなさかなになっておよぎ、追い出したのである。

また、彼らはそのままおおきなさかなのように固まって生活するようになったわけではない。表裏表紙を見ると再びばらばらになって（一、二頁とはどこか違うが）泳いでいることがわかる。彼らは、元の生活を取り戻した。しかし、その精神は大きく変わっているのである。

Ⅳ　実践に向けて

ここまでの考察と馬場論とを合わせ、「スイミー」の実践について考えてみよう。なお、教材とするテキストであるが、前に述べたように「スイミー」については、日本語訳原典・各社教科書すべてで、絵も文章も異なっている。この事実を受け、本単元では、日本語訳原典そのものを教材として使うことにする。

本論では、目標を、〈価値目標〉〈技能目標〉〈態度目標〉で考える。また、〈技能目標〉は、「知識及び技能」に当たる〈技能目標1〉と「思考力、判断力、表現力等」に当たる、いわゆる「読むことの目標」としての〈技能目標2〉で考える。

まず大きな方向性として、「スイミー」を読み、単にスイミーの勇気や団結の素晴らしさを読む・伝えるのではなく、仲間を失って悲しくなったスイミーが、おもしろいものを「み」て元気になったこと、そして、そのことを生き残った仲間に伝えて励まそうとしたけれどうまくいかなったときに、うんと「かんがえ」て新しいプロジェクトを思いつき、仲間を説得し、一緒に時間をかけて成し遂げたこと自体を、学習者に体感させたい。これをもとに、目標と学習過程を考える。

本論では、〈価値目標〉として「（自己や他者、世界を）考え続ける存在となる」ことを大きく掲げているが、これを「スイミー」に合わせて、〈価値目標〉として、「スイミーやなかまがいろいろかんがえていろいろくうふうしこうどうしたことをけいけんする」とする。これはそのまま、授業の一貫した「めあて」にもなりうるものである。

次に、「スイミー」でつけるべき〈態度目標〉と〈技能目標〉を考える。

〈態度目標〉としては、「『スイミー』という作品に向き合おうとする意欲・態度をもつ」とする。この〈態度目標〉は（どの教材でも同じだが）学習者の目標というよりも、教師の目標と考えている。つまり、「『スイミー』という作品に向き合おうとする意欲・態度」を形成することが教師に求められている、ということである。

〈技能目標1〉については、「読書」に関わる学習指導要領の項目「読書に親しみ、いろいろな本があることを知る（読書　エ）」を参照し、「レオ・レオニのいろいろな本を読む」とする。

また、〈技能目標2〉については、「場面の様子や登場人物の行動など、内容の大体を捉える（低（イ））」「場面の様子に着目して、登場人物の行動を具体的に想像する（低　（エ））」を参照し、「スイミーとほかのものたちのようすやこうどうを絵と文章から捉える〈技能目標2ａ〉」「スイミーや赤い魚たちの、絵や文章に表現されていない行動や様子を想像し動作化する〈技能目標2ｂ〉」とする。

低学年（ということは小学校一年も二年も）は、学習指導要領上は、行動や様子を捉えること、想像することが指導事項となっている。この段階は、私も徹底的に人物形象を心の中に形作ることを学習者に行ってもらいたいと考える。登場人物の気持ち（心情）にしても、語り手のそれにしても、登場人物が何を言い、何をしているかを読者が内面に描かないかぎり、それらを心象化することはできない。しかも、内面に形成されるテクストは多様に無限であるとしても、ある程度の共役可能性を持たせるためには、外化することが有効である。したがって、低学年の文学教材は、徹底的に動作化・劇化することを私は求めたい。この「スイミー」においても同じである。しかし、どの場面も同じように動作化・劇化するのではなく、教師の考えによって、目標設定によって軽重をつけて行いたい。

これらの目標を受けて、次のような単元構成を想定する。（全九時間）

第〇次……〈価値目標〉への誘い

第〇次とは、教科書本文を読む前の、準備の段階である。前もって、レオ・レオニのいろいろな本を置いておき、読めるようにしておく。また、「スイミー」の絵をいくつか教室に貼っておく。

第一次……〈技能目標2a〉形成（二時間）

第一次では、日本語訳原典の読み聞かせを聞き、おはなしのざっくりとした流れを押さえるために、絵の並べ替えの活動を行う。

第二次……〈技能目標2b〉形成（五時間）

第二次では、大きくⅠ、Ⅱ、Ⅲと場面を分け、それぞれを読みながら、動作化し、場面ごとにスイミーの心の言葉をふきだしに書いて、最後に、それを言いながら再び動作化する活動を行う。その際、教師から、次のような「なぞ」を問いかけ、それを考えながら動作化とつぶやきの生成を行う。動作化については随時動画で撮影し、その時間や次時に振り返って見られるようにする。

Ⅰの場面　「なぜ、まぐろに食べられて海の底に潜っていくときの絵(5)は、灰色ばかりなのだろう」
Ⅱの場面　「なぜスイミーは、げんきになったのだろう（実際には、スイミーになっている学習者に「なぜきみはげんきになったの？」と尋ねる）」
Ⅲの場面　「なぜ赤い魚たちは、最初いやだよと言ったのに、あとでスイミーの言うことを聞いたのだろう（実際には、「赤い魚たちになっている学習者に、なぜきみたちはスイミーの言うことを聞いたの？」と尋ねる）」

第三次……〈技能目標1〉形成（並行読書と合わせて）（二時間）

ここでは、並行して読んでいた他のレオ・レオニ作品と比べて、同じところ違うところをいろいろ見つけ、発表し、「レオ・レオニほうこくしょ」を絵入りで書いて図書館に貼るようにする。全体としてはしっかり動作化を行い、登場人物の行動を体感的に掴むことを通して、物語に同化させたい。そして、スイミーや赤い魚たちの中で起こった、本当の「心のドラマ」を体感させたい。

参考文献
C・オットー・シャーマー（二〇〇七）中土井僚訳（二〇一〇）『U理論』英治出版
中土井僚（二〇一四）『U理論入門』ＰＨＰ研究所
難波博孝（二〇二一）「『スイミー』の比較：二〇二〇年度版小学校国語科教科書相互と原典とを対象にして」『国語教育思想研究』22号　国語教育思想研究会

かさこじぞう

岩崎京子

作品研究

岩崎京子「かさこじぞう」の〈深層批評〉
―「じぞうさま」はなぜ動いたのか・〈世界線〉を変える〈心のちから〉―

山中正樹

はじめに―選べない〈世界線〉

若い女性を中心に人気の四人組ＰＯＰバンド、Official髭男dismの二作目のシングル「Pretender」（二〇一九年五月一五日発売、ポニーキャニオン）は、発売以来人気を誇り、二〇一九年四月に配信後、ストリーミング累計再生数が国内で初めて五億回を突破したと報じられた（「朝日新聞デジタル」、二〇二一年五月一二日[1]）。その歌詞には、〈世界線〉という言葉が使用されている。

この楽曲では、自分が好きな女性と付き合いはじめたものの、彼女の心は全く自分には向かず、自分は彼女の「運命の人」ではないことを痛感しながらも、彼女とは離れがたいという、自分の思い通りにならない恋の苦悩に嘆く青年の心情が詠われている。彼は、現在とは違う「設定」や「関係」で彼女と出会える〈世界線〉を選べたらよかったのにと嘆く。

この〈世界線〉という言葉は、もともとは相対性理論において「四次元空間に表現される質点の運動の軌跡。物理的な事象は、ある場所、ある時間に起こるが、これを時間・空間を一体化した四次元空間（ミンコフスキー空間）で表すと、一つの点となる。これを世界点という。このような事象が一般には場所を変えながら、時間的に次々に起こるようすを四次元空間で表現すると、世界点が連なった世界線として表される」（『日本大百科全書』、「Japan Knowledge Lib」より）という意味内容の物理用語であるが、この楽曲で〈世界線〉は〈パラレルワールド〉のように、いくつかの世界が同時的に存在することを意味している。

作詞の藤原聡もインタヴューの中で、自分が『STEINS；GATE（シュタインズゲート）』というアニメの大ファンであり、このフレーズもそこからインスピレーションを受けたと語っている。そのアニメはタイムトラベルする話で、主人公はいくつも並んだ〈世界線〉を越えて世界を変えたいという想いで奮闘していくのだという(2)。このように、ゲームやアニメなどの所謂「オタク」の世界では、〈世界線〉が「パラレルワールド」と同義で使われており、それが一般にも浸透していることがうかがえる。

「Pretender」の青年は、自分の〈世界線〉が変わらない、あるいは現在とは違う〈世界線〉が選べないことを嘆くのだが、論者の見るところ、この〈世界線〉を変えることを描いた物語がある。それが、岩崎京子再話「かさこじぞう」である。本稿では、本作を、この〈世界線〉が変わるという観点から論じ、読者に希望と勇気を与える「かさこじぞう」の作品価値を論じてみたいのだが、その前に「かさこじぞう」が、いままでどのように読まれてきたのかについてみていこう。

Ⅰ　岩崎京子再話「かさこじぞう」の評価

岩崎京子再話の「かさこじぞう」（絵：新井五郎）は、昭和四二（一九六七）年五月に「むかしむかし絵本　3」としてポプラ社から刊行された（注：本稿での引用はすべてこれに拠る）。昭和五二（一九七七）年から小学校第二学年の国語教科書に掲載され、現在も数社で掲載されている。その間に、岩崎自身によって、本文の書き換えが行われ、現在の形になっている(3)。

「かさこじぞう」の原話は、一般に「笠地蔵」として全国に伝承されている。山本将士の引くところによれば、内容に差はあるものの「九州から青森まで分布」しており、「類話も含めると百話近く」もあるという。再話されたものも、一九四六年の関敬吾「笠地蔵」をはじめ五八種類あるという（「笠地蔵の教材価値に関する比較研究―原話と再話に関する比較研究試論―」、「名古屋市立大学大学院人間文化研究科　人間文化研究」第10号、二〇〇八年一二月）。

その中でも代表的なものとして、本稿で取り上げる岩崎京子再話のほか、瀬田貞二再話「かさじぞう」（画：赤羽末吉、一九六六年一一月、福音館書店）や、松谷みよこ再話の「かさじぞう」が挙げられるだろう（松谷のものは、一九八九年から二〇〇六年まで、異なる画家によるものが四種類ある）。中でも特に他と異なる特徴を持つものとされているのが、岩崎と松谷のものである。それは、作中の「じいさま」と「ばあさま」が、原話にはない「餅付きの真似事」をするシーンや、「歌を歌う」シーンが挿入されていることによる。

岩崎は本作について、次のように述べている（「「かさこじぞう」を書いて」同書巻末所収）。

雪にぬれている地蔵さまを見て、心をいため、かさどころか、てぬぐいまでかぶせてくるじいさま。自分はもちひとつ用意できない逆境にありながら、なお善良で、あわれみの心を失わないとは……。これはむしろおどろきではありませんか。

また、そのじいさまのすることには、文句ひとついわず、「いいことをしなすった」と、よろこぶばあさまも、なんと美しい心のもちぬしでしょう。老夫婦が心をよせあい、信頼しあう姿には、ほのぼのと胸があたたまるようです。

わたしは、〈清福〉ということばは、このふたりの姿だと思いました。じいさまとばあさまは、地蔵さまにお正月じたくをいろいろもらいますが、そのたまものにまさるしあわせを、もっていたのだということを、よみとってほしいと思います。

この岩崎自身の言葉にあるように、本作の主題をまずは、じいさまとばあさまの心根の素晴らしさだとしておいていいだろう。これについては、多くの論者も認めるところである。

岩田英作（「岩崎京子「かさこじぞう」のたくらみ」（「島根県立大学短期大学部松江キャンパス研究紀要」49、二〇一一年））は、絵本や紙芝居の「かさ（こ）じぞう」九編を比較し、これらに共通するテーマを、「じいさまとばあさまの地蔵さまに対する善行によって、地蔵さまからふたりに福が授けられ、ふたりはよい正月を迎えることができたというもので、仏教説話の色彩が強い因果応報譚」（一五頁）としたうえで、岩崎と松谷の再話に「餅つきの真似や歌のシーン」が挿入された意味を、「モノがあるなしの幸・不幸ではない。／餅つきの真似、歌のシーンには屈託のない笑いがあり、貧しいながらも仲良く暮らすふたりの知恵がある。〔中略〕モノの豊かさで成就する因果応報譚から心の豊かさを描いた「かさ（こじ）ぞう《ママ》」へ。①岩崎本と③松谷本は、一見テーマと直接関係のないようなシーンをさりげなく挿入することによって、テーマを揺さぶるような新たな価値を作品に与えることに成功した」（一六頁）と、両作を高く評価している。

岩田は両作を、「モノでは買えない幸福を描いて、他の「かさ（こ）じぞう」とは一線を画す」と指摘したうえで、前頁に挙げた岩崎の言葉に触れながら、「餅つきの真似の場面に象徴される〈清福〉を、作者はモノでもたらされる幸福以上の幸福として考えて」おり、「岩崎本の場合、むしろそれは、貧しいながらに〈清福〉に満たされた二人への寿ぎであったのではないだろうか」（一六頁）として、岩崎本の独自性を評価している。

安達真理子は、「餅つきの真似事場面」の有無が「作品の価値を左右する」とし、「貧しく暮らすじいさまとばあさまが、ただ地蔵様に善い行いをしたというだけではなく、貧しい中でも肩寄せ合い、明るく年を越そうとする庶民のたくましい姿も読み取ることができる」のであり、「「優しい人は幸福になれる」といった因果応報の話で終わるのではなく、相手を思いやり前向きに生きる夫婦だからこそ得ることができる幸福感が、「良い年越し」という結末に奥深さを加えることになる」（「教材の特性（再話者の意図）を生かして読む民話「かさこじぞう」―岩崎京子再話の叙情性を読み、表現する試み―」（「国語教育探求」28、二〇一五年八月、六七頁）としている。

原田留美は、岩崎と瀬田の「かさじぞう」を比較し、岩崎本が、善行には善なる報いがあるという類の「昔話によく見られる単純な論理とは異なるもの」であり、「岩崎はすでに絵本執筆の段階から、登場人物を類型化して語るいわゆる昔話の一般的なあり方からの逸脱を意識して再話を行っていたのではないか」(「岩崎京子「かさじぞう」と瀬田貞二「かさじぞう」―テキスト比較表からわかる文学作品としての特徴の違いについて」、「新潟青陵学会誌」4(3)、二〇一二年三月、一二六頁)と、作者の執筆段階での意図にまで踏み込んで論じている。

以上のように、原話の「笠地蔵」の主題は、岩田の言葉を借りれば「仏教説話の色彩が強い因果応報譚」であることは明らかであるが、岩崎の「かさこじぞう」は、そのような仏教的な因果応報譚の域を超えて、「貧しいながらも仲良く暮らすじいさまとばあさま」の「心の豊かさを描いた」ものであり、さらに「貧しいながらに〈清福〉に満たされた二人への寿ぎ」(岩田前掲論文、一六頁)というところまで昇華するのである。

中村龍一はこうした点に加えて、「物語の始まり以前から「じいさま」と「ばあさま」はすでに清らかな幸せに満たされて日々を暮らしていた」ことに着目しながら、「それが作者岩崎京子が昔話「かさじぞう」の語り手に託した作者の境地であった」として、「人間はどんな苦境に在ろうが幸せに生きられるのだという作者の思想がもたらした不思議な話がいわさき「かさこ」の世界である」(二頁)と、作品に込められた作者の思想を析出する(「岩崎京子：昔話再話の魅力―「かさこじぞう」、「うらしまたろう」―」、「松蔭大学紀要」第23号、二〇一八年三月)。

さらに中村は、

初読では、老夫婦の暮らしは赤貧の窮まり、惨めな生活にしか思えないが、それは私たち読者の常識的な見え方である。〈中略〉／　ところが、再読してみると、「じいさま」と「ばあさま」は冒頭から〈清福〉にあって心豊かに暮らしていたことが印象深く際立つように語られていたことに読者は気づくのである。このように〈語り〉は二重に仕組まれ、〈仕掛け〉られていたのである。（二頁）

と、老夫婦の精神性を語る〈語り手〉の「仕掛け」について指摘する。確かに表層のストーリーのみを追っていくと、この老夫婦の生活は、極貧の惨めなものと言わざるを得ない。しかし、物質的な充足感とは全く無縁の「小欲知足」とでもいうような、あるいはそのような〈欲〉そのものを思慮の外にするような、あたたかで充実した満ち足りた生活を、この老夫婦が送っていることがわかる。それを中村は、「二重に仕組まれ、〈仕掛け〉られて」いた〈語り〉というのである。

中村の指摘は正しいだろう。しかし、本作の「仕掛け」は、果たしてそれだけなのだろうか。このことに関して論者は、本作に対して一つの疑問を抱かざるを得ない。それは本作の主題と直接結びつくものであり、本作の作品価値を決する最大の問題である。その疑問とは、《石の「じぞうさま」がなぜ動いたのか》ということである。次にこの疑問について考えることで、本作の深層の意味を探っていきたいと思う。

Ⅱ 〈近代小説〉における「世界の複数性（＝パラレルワールド）」

「じぞうさま」を実在するものと捉えると、それが動き、贈り物を運ぶというのは、ナンセンスなものとなる。それは、近代的な科学観に基づく我々の常識からは全く相容れないものである。もちろん、これは〈民話〉であり〈お話〉であり、あくまでも虚構世界の出来事と捉えれば、その点は問題にはならない。いままでの作品評価もこのことについて、どう整合性を持たせるかに心を砕いてきたのだろう。

例えば、小山恵美子「『かさじぞう』論─岩崎京子の再話に見る物語性」（「帝京大学文学部教育学科紀要」36、二〇一一年三月）は、「「じぞうさま」を動かしたものは、（中略）伝承文学を継承してきた「語り手」たち」であり、「物語として伝えた民衆の「願い」だったのではないか」としている。また、作者が昔話を再話する際、「語り手」や「読み手（聞き手）」の願いを大切にし、「昔話に命を吹き込む作業をしたの」だとし、そこにこそ「人間を描いた物語文学としての『かさこじぞう』成立の意味がある」（六五頁）として、「じぞうさま」が動く奇跡は、作者をして、「読み手」「民衆」の願いを、物語に結実させたことによるのだと解釈している。

また、右に引いた中村龍一は、「「できごと」（ストーリー）は到底あり得ない「不思議」。しかし、民衆は修羅の現世を仏教的来世からの眼差しで生きている。この前近代の「じいさま」と「ばあさま」に起きた、「不思議」をいわさき「かさこ」再話は、現代の「愛の真実」として語り継いでいるのである」（前掲論文、三頁）と説明している。

これらの解釈は確かに慧眼であり、原話やほかの再話にはない本作の魅力や独自性を言い当てたものであろうが、そうした〈読み〉は本作を、我々の常識である〈リアリズム〉の範疇に留めてしまうのではないだろうか。

もちろん我々の常識的な感覚では、石の「じぞうさま」が動くはずはない。それをどうやって現実の常識や感覚と整合させるのか。いままでの作品評価は、現実感覚の範囲内での〈読み〉に留まっているように、論者には見えてしまう。では、このいわば〈超現実〉の事象をどう理解したらよいのだろうか。それを解くカギが、田中実の〈第三項理論〉による〈世界観認識〉の中にある。

田中は、三島由紀夫が『小説とは何か』（一九七二年三月、新潮社）の中で、柳田國男の『遠野物語』の「第二二節」、死んだ曾祖母が幽霊として現れた際に、その裾が丸い炭取にあたって回転したという話に、「ここに小説があつた」と三嘆していることについて、次のように述べている。


三島の小説論の論旨は明白にして果断、「小説の厳密な定義は、実にこの炭取が廻るか廻らぬかにある」と裁断、娘を案じてであろう現れた第一段階までの曾祖母は「現実と超現実は併存」に収まります。しかし、この死者の着物の裾が炭取の籠を回転させる出来事はもう我々の現実の在り方を壊し、「超現実が現実を犯し」ます。世界は新しく解釈し直さざるを得ません。

（「現実は言葉で出来ている　―『金閣寺』と『美神』の深層批評―」、「都留文科大学大学院紀要」第十九集、二〇一五年三月、五一頁）

田中は、これこそが〈小説〉であるとするのだが、「「炭取の廻転」という現実世界の物理法則に反する出来事は比喩・メタファー」とするのではなく、「「現実」を瓦解させる」ものであり、それこそが「**三島文学の「小説」の〈読み方〉**」であり、「三島に限らず、『**舞姫』以来、読者のこの解釈共同体を瓦解させるのが〈近代小説〉**」（同前、太字は原文のまま。以下同じ）であるとする。

このように田中は〈近代小説〉の可能性を模索するのだが、「近代文学研究が、〈近代小説〉の潜在力を発揮させ、その真価を活かすには、（中略）主体と客体との二項の外に客体そのもの＝〈第三項〉の概念、あるいは観点を〈読み〉に導入して世界の複数性（＝パラレルワールド）を拓くことが要請されます。（「〈第三項〉と〈語り〉／〈近代小説〉を〈読む〉とは何か――『舞姫』から『うたかたの記』へ――」、「日本文学」二〇一七年八月、三頁、傍点は原文のまま。以下同じ）と述べ、世界はすべて自らの意識の中に構築されたものであり、自己の外界に絶対的・実体的に存在するものではない点を強調する。すなわち、人間の意識の外部に実体的な世界が存在するのではなく、世界は複数的な存在（＝パラレルワールド）であるということである。このことについて田中は、以前より哲学者の大森荘蔵の所説を引きながら、様々に言及してきた。

大森荘蔵は、「世界の姿」は「百面相であらわれる」のであり、「そのどの姿も等しく真実の姿であり、その中の何か一つの姿を、これこそ真実だ、と特権的に抜き出すことはできない」としている。例えば、夕暮れに山道を歩いていたとき、岩陰が人の影に見えたということに対して、それが「錯覚だとか幻影だとか言う」のは誤りであり、そのような「一つの本物の世界（客観的世界）とその十人十色の写し（主観的世界像）という図柄の比喩」こそが「幻影」であると主張する。それは「真実に対しての誤り」ではなく「真実の中での「誤り」」であり、それは「世界観上の真偽の分類ではなく、極めて動物的でありまた極めて文化的でもある分類」なのだと一蹴する（「真実の百面相」、『流れとよどみ―哲学断章―』一九八一年五月、産業図書、二九―三二頁）。

田中は、大森のこの所説を自身の「基本的な世界観認識」であるとして、「その「世界観上の真偽の分類」から見れば、世界は「壁抜け」自在の「真実の百面相」、「真実」は「同時存在」であり、パラレルワールドが広がっているのです。〔中略〕因みに、「量子力学」は、現在、世界が複数にいろいろ考えられるというのではない、世界自体が複数ある、「多世界解釈」にあります。」（「世界像の転換、〈近代小説〉を読むために――続々〈主体〉の構築――」（『日本文学』二〇一四年八月、六―七頁）としている。このように田中は近代小説の中に、この「世界の複数性（＝パラレルワールド）」を見出しながら作品世界を論じてきたのである。

Ⅲ 「じぞうさま」はなぜ動いたのか―〈世界線〉を選び取る〈心のちから〉―

ここまで、田中実が説く〈近代小説〉における「世界の複数性（＝パラレルワールド）」について見てきたわけだが、本作「かさこじぞう」においては、どのような〈世界像〉が示されているのだろうか。

表面的には、特に時空間を移動するような、あるいは、登場人物の意識によって作られる複数の世界は示されていないように見える。しかし、いままで見てきたように、世界が同時的・複数的に存在するものであり、しかもそれを自らの意志で選び取ることができるとすれば、本作で石の「じぞうさま」が動くことも説明できるのではないか。

つまり、私たちが現在身を置いている世界のほかに、《石の「じぞうさま」が動く世界》が存在するということである。これは、あまりにも荒唐無稽なことに思われるかもしれない。確かに、いままで見てきたような〈近代小説〉においては、「世界の複数性（＝パラレルワールド）」の存在は認めることができるが、現実世界においてはそのようなことはあり得ない、と思われるかもしれない。だが、小説や物語、虚構の世界だけでなく、現実世界においても「世界の複数性」や、我々がいまだ知ることもできない世界の存在が明らかにされつつあるのではないか。

それは〈文学〉の世界ではなく、むしろ現実世界の在り様を捉えようとする〈物理学〉において積極的に論じられている。例えば、宇宙を構成する物質やエネルギーの大半が、我々には未知のものであることは、既に常識になりつつある[4]。さらに〈量子力学〉の知見では、世界は我々が感覚で捉えているものとは異なるものであること、我々の今までの常識では捉えきれないものであることが示されている。

夙に知られるように、素粒子は、その「位置」と「運動量」それぞれを定めることはできるが、それらを同時に定めることはできないという特質を持ち、かつそれが観測されたときにしかその姿を表さないという。我々が通常認識している物質の特性と全く異なる性質を持つことが知られている（朝永辰一郎『鏡の中の物理学』一九七六年六月、講談社学術文庫）。

素粒子物理学者の松浦壮は、「私たちは最初から「世界そのもの」などを見ていません。見ていると思っているものはすべて、五感を通じて行われた「測定」と矛盾しないように構成された**世界の想像図**です」（『量子とはなんだろう　宇宙を支配する究極のしくみ』二〇二〇年六月、講談社ブルーバックス、五頁）としたうえで、「光を単純に波だと考えたり、電子を単純な粒子だと考えたりすると、自然現象の説明が破綻してしまいます。これは光や電子のような存在が五感を通じて培われた概念では表現しきれないことを意味」しているのであり、「「世界は見えている通りである」という幻想が本当の意味で消滅した」ことを説く（七一頁）。さらに「量子の最も本質的な特性」である「重ね合わせ」と「絡み合い」から考えると、「「量子の影響は距離も時間も飛び越える」という驚きの結論」まで導き出せるというのである（二二八頁）。

これは時空間が確定的・固定的に存在するという我々の常識を覆すものであり、「複数的な世界」の同時存在の可能性を示すものではないだろうか。さらにその世界は、観測したときに時空間も決まるのであり、それは、観測者と世界の関係性によって定まるというものである。言い換えれば、観測者がどのような状況にあるかということで、世界の在り様が決定されるということである。

まだ解明されていない部分が多いとは言え、「複数的な世界」の同時存在や、その世界像の決定要因が観測者、つまり我々であるという可能性が示されているのである。そうなると「かさこじぞう」の物語世界のように、現実に「じぞうさま」が動き、贈り物を届ける世界の存在の可能性も生まれてくるのである。では、そのような「じぞうさま」が動き、贈り物を届ける世界を生み出す要因はいったい何なのであろうか。そこに「かさこじぞう」という作品の持つ本当の価値があると考えられる。

先に見たように本作を、「仏教説話の色彩が強い因果応報譚」であるとか、「貧しいながらに〈清福〉に満たされた二人への寿ぎ」の物語と読んだり、「じぞうさま」が動いたのは、作者の意図であったり、語り手や聞き手の願いであると捉えると、現実世界を変えることは不可能になり、結局のところ他力本願的な、ただ幸せを待つだけの物語になってしまう。

しかし本作の魅力は、〈人がいかに現実世界を変えていけるのか〉を示すという点にあるのではないだろうか。過酷な運命に対峙しながら、それに耐え忍ぶだけ、あるいは耐え忍んだ先に、たまさか幸福が訪れるというような消極的な幸福待望論ではなく、現実世界を、望むべき方向に変えていける。というよりむしろ、幸福な現実世界という〈世界線〉を自らが選び取っていけるのだということを示すことにあるのではないだろうか。そこにこそ本作の真の意味や価値があり、それこそが人に〈**生きる力**〉を与えるものなのではないだろうか。

では、それができるのが、なぜ岩崎京子の「かさこじぞう」なのか。この点が重要になってくるはずだ。「笠地蔵」をはじめ多くの作品が「じいさまとばあさま」の心根の素晴らしさを謳っている点は共通のものである。それに対して、本作の独自性はどこにあるのか。もちろんそれは先にも見た「餅つきの真似、歌のシーン」の挿入だけにあるのではない。幸福な現実世界という〈世界線〉を選び取っていくには、「ばあさま」の心の在り様こそが重要だと論者は考えるのである。

「じいさま」は、まちにかさを売りに行ったが、結局かさは一つも売れず、「としこしの　日に、かさこなんか　かう　もんは　おらんのじゃろ。ああ、もちこも　もたんで　かえれば、ばあさまはがっかりするじゃろうのう。」と慨嘆する。

「じいさま」は、かさが売れない現実、自分が報われない現実を嘆く。どうあがいても結局、現実を変えることはできない。過酷な運命には抗しようがなく、あきらめてそれを受け入れるしかない。「とうとう、もちこなしの　としこしだ。そんなら　ひとつ、もちつきの　まねごとでも　しようかのう。」という「じいさま」だが、それは、苦しい現状を忘れるためのせめてもの慰めというところだろう。「じいさま」は、そのような思考の持ち主なのである。

「じいさま」が、かさを持たずに帰っても「ばあさま」は、「いやな　かお　ひとつ」せず、「じいさま」の労をねぎらう。そもそも「たいそう　びんぼうで、その　日　その　日を　やっと　くらして」いた生活の中で、「かさこ　こさえて、まちさ　うりに　いったら、もちこ　かえんかのう。」と提案するのも「ばあさま」である。「じいさま」は現状を嘆くのみで、現実に対し何ら積極的な働きかけをしていないと言ったら言い過ぎであろうか。

そんな「じいさま」を責めることもせず、「じいさま」の餅つきの真似事に「あいどりの　まね」で応じたり、どこまでも「ばあさま」は明るく振る舞っている。この「ばあさま」の心情が、「かさこ」作りと、それを「まち」へ売りに行くことへと「じいさま」を動かし、最終的には、「じぞうさま」を動かすことにつながっていくのである。

「ばあさま」の言動には絶望や嘆きは見られない。「ばあさま」の深層意識には〈清貧〉を超えた、たくましさや希望があったのではないだろうか。それが〈世界線〉を変え、現実世界を変革していく要因だったのではないだろうか。

おわりに―〈世界線〉を選ぶ〈心のちから〉

以上のように、岩崎京子再話「かさこじぞう」の持つ、現実を変え、幸福な〈世界線〉を選び取っていく「ばあさま」の〈心のちから〉について考えてみた。そしてそれこそが、どんな過酷な現状でも諦めることなく、世界を変え、幸福をつかみ取っていくために必要な〈**生きる力**〉なのではないだろうか。

田中実は、文学作品の価値は、「〈ことばの仕組み〉を通して、読み手を動かし、読み手の価値世界と対峙し、変革させるところにある」（「〈原文〉という第三項―プレ〈本文〉を求めて」、田中実・須貝千里編『文学の力×教材の力　理論編』二〇〇一年六月、教育出版、二六頁）としている。岩崎京子「かさこじぞう」は、まさに、我々が固定観念として持っている、《石の「じぞうさま」が動くはずはない》、《現実を変えることなんて不可能だ》という「価値世界」を変革させる〈**生きる力**〉を、我々に示してくれる作品だといえるのではないだろうか。

新型コロナ禍や格差社会など、子どもたちを取り巻く現状は、大変厳しいものがあるといえよう。しかし、どれほど過酷に見えても、それは、いま自分の目の前にある一つの〈世界線〉であり、それとはまったく別の〈世界線〉を選び取ることもできるのではないか。現状を嘆くだけではなく、自分の〈心のちから〉次第で、未来をどうにでもデザインしていけるのではないか。文学作品を通して、そのような〈**生きる力**〉を培っていけることを、心から訴えて本稿を閉じたいと思う。

註

（1）「朝日新聞デジタル」〈二〇二一年五月十二日十八時五十六分配信〉
https://www.asahi.com/articles/ASP5D641WP5DUCVL016.html

（2）「Uta-Net」〈二〇一九年四月二十六日配信〉
https://www.uta-net.com/user/writer/todaysong.html?id=9646

（3）吉原英夫は本作の各版を詳細に比較検討し、「書き換え・削除」の内容を具体的に記している。吉原は、使用単語や表記の不統一、文体や表現の変更等を詳細にあげたのち、岩崎が編集委員を担当する東京書籍の国語教科書昭和55年度版指導書に寄せた岩崎自身の「この文を決定稿と思っております」という言葉を引きながら、本作の本文確定の経緯を見定めている。（「『かさこじぞう』のテキストと教材文について」「語学文学」41、二〇〇三年四月、三一頁）

（4）ウォルター・ルーウィンは、「宇宙における全物質のうち、星や銀河（それから、あなたやわたし）を形作る通常物質は、わずか四パーセント程度であることも明らかになる。約二三パーセントが、暗黒物質（これは目に見えない）と呼ばれるものだ。存在することはわかっているが、それが何なのかはわからない。残りの七三パーセント、宇宙のエネルギーの大半を占めるのが、暗黒エネルギーと呼ばれるもので、これもまた目に見えない。それが何なのか、誰にも見当もつかない。総合すると、宇宙のエネルギーおよび質量の九六パーセントについて、わたしたちは不案内ということになる。」（東江一紀訳『これが物理学だ！　マサチューセッツ工科大学「感動」講義』、二〇一二年一〇月、文藝春秋、二八頁）と述べている。

授業構想

昔話再話『かさこじぞう』の授業構想
―心の闇に瞬く「響き合う〈愛〉」の地蔵星―

中村龍一

Ⅰ 昔話再話『かさこじぞう』（岩崎京子）教材論

1 語られた〈清福〉の人たち

日本民話のなかで、すきな話はときかれたとき、わたしはいつも、まず第一に、この「かさこじぞう」をあげてきました。（中略）わたしは、〈清福〉ということばは、このふたりの姿だと思いました。じいさまとばあさまは、地蔵さまにお正月じたくをいろいろもらいますが、そのたまものにまさるしあわせを、もっていたのだということを、よみとってほしいと思います。

（絵本あとがき「「かさこじぞう」を書いて」ポプラ社、一九六七）

〈清福〉は、「精神的な幸福」（『広辞苑　第七版』）ということになろう。昔話再話『かさこじぞう』の作者岩崎京子は、赤貧の〈じいさま〉と〈ばあさま〉が〈地蔵さま〉から正月じたくの品々をもらう前から既に内心の幸せを持っていたのだということを語り証かしたかったと述べている。〈じいさま〉や〈ばあさま〉は、『ドラえもん』の人物たちと同じように「キャラ」としての登場人物たちである。叙述に感情移入して〈語り〉に引き込まれ、この〈じいさま〉と〈ばあさま〉の〈清福〉の心を自分のこととして読んでほしい、それが岩崎京子の願った現代の読者、聴き手であった。つまり、昔話再話『かさこじぞう』の〈語り〉の「心のドラマ」は、貧しさを受け入れて生きなければならなかった昔話の民衆だけでなく、現代の読者の心の闇にも通底するように〈仕掛け・仕組まれ〉ているのである。

2 〈じいさま〉と〈ばあさま〉はどんな人たちか

むかしむかし、あるところに、じいさまとばあさまがありましたと。（冒頭）
じいさまとばあさまは、よいお正月をむかえることができましたと。（結末）
（テキストは教育出版『ひろがる言葉小学国語二下』以下同じ）

昔話に見られる典型的な冒頭と結末である。民話は昔話と伝説の総称である。その土地々々の民衆に伝えられている物語である。伝説は「上作延の延命寺の鼻取地蔵、あれは馬をおとなしくさせるのが御誓願で」（柳田國男『日本の傳説』角川文庫、一九五三）と、民衆に馴染みある地蔵の由来を語っていく。しかし、昔話は「むかしむかし、あるところに、じいさまとばあさまがありましたと。」と、時代、場所、姓名などが特定されない「あったということだ。」という虚構の世界が語られていく。その日その日をやっと暮らしていた〈じいさま〉と〈ばあさま〉が、「じぞうさま」の贈り物で「よいお正月をむかえることができましたとさ。」という魔訶不思議な「心のドラマ」に常識を超えた〈真実〉が語られていく。では、この二人の登場人物とはどのような人たちなのだろう。

① 〈じいさま〉と〈ばあさま〉の響き合う〈愛〉の語らい

「ああ、そのへんまでお正月さんがござらっしゃるというに、もちこのよういもできんのう。」／「ほんにのう。」／「なんぞ、売るもんでもあればええがのう。」／（中略）「ほんに、なんにもありゃせんのう。」

なんとも呑気な二人のユーモラスな対話で物語は動き出す。赤貧の暮らしにもかかわらず〈じいさま〉と〈ばあさま〉の〈愛〉の語らいが繰り返され、展開されていく。ここには〈じいさま〉と〈ばあさま〉が心を寄せ合って生きる歓びが語られている。また、「お正月さん」という親しげな呼び方には、「お正月さん」が〈じいさま〉と〈ばあさま〉の暮らしと地続きであることも読み取れる。

「もちこ」の用意さえできない二人は、夏の間に刈り取っておいた菅で菅笠をつくって町で売ることを思いついた。

「じいさまとばあさまは土間におり、ざんざら、すげをそろえました。そして、せっせとすげがさをあみました。」

「ざんざら」、「せっせと」には二人の愉しげな息の合った仕事ぶりが語られていよう。ただ、この菅は、〈じいさま〉と〈ばあさま〉にとっては冬に備えての蓑や笠や縄になる大切なものであった。二人の暮らしに欠かせないものを「お正月さん」に差し出したのである。しかし、〈じいさま〉と〈ばあさま〉はそんなことには無頓着、〈じいさま〉はただ〈ばあさま〉の願いを叶えてやりたかった。

②〈じいさま〉の「六じぞうさま」への〈信愛〉と、響き合う〈ばあさま〉との〈愛〉

大年の市は正月買いもんの人で大賑わいだったが、菅笠は場違いだった。

「年こしの日に、かさこなんか買うもんは　おらんのじゃろ。ああ、もちこももたんで帰れば、ばあさまはがっかりするじゃろうのう。」

〈じいさま〉は売れなかったことより、ここでも〈ばあさま〉の落胆に思いを馳せる。

「じいさまは、とんぼりとんぼり町を出て、村のはずれの野っ原まで来ました。風が出てきて、ひどいふぶきになりました。ふと顔を上げると、道ばたに、じぞうさまが六人立っていました」

帰り道の日暮れ、ふぶきで視界が閉ざされ何も見えなくなってしまった〈じいさま〉に、命さえ落としかねない事態が迫っていた。しかし、ふと顔を上げると馴染みの「六じぞうさま」が立っているではないか。命拾いした〈じいさま〉は、「つめたかろう」と心を寄せ、菅笠と手ぬぐいを〈六じぞうさま〉にかぶせてあげる。〈じいさま〉は石の「六じぞうさま」とそうした関係を生きてきたのである。

「おお、お気のどくにな。さぞつめたかろうのう。」／じいさまは、じぞうさまのおつむの雪をかきおとしました。／「こっちのじぞうさまは、ほおべたにしみをこさえて。それから、このじぞうさまはどうじゃ。はなからつららを下げてござらっしゃる。」／じいさまは、ぬれてつめたいじぞうさまの、かたやらせなやらをなでました。

〈じいさま〉にとって「六じぞうさま」は命ある存在であり〈信愛〉の対象であった。こうして〈じいさま〉は売りものの五つの笠を「じぞうさま」にかぶせ、なんと、残ったもう一人の「じぞうさま」には、自分のかぶっていたつぎはぎの手ぬぐいまでかぶせてあげたのである。

ところがうちに着くと、大年の市でかさこが売れなかったにもかかわらず、〈じいさま〉が石の「じぞうさま」に売り物のかさこまでかぶせてきてしまったことも咎めることもなく、〈ばあさま〉は、「おお、それはええことをしなすった」と響き合い、いろりに招くのだ。

③「つけなかみかみ、おゆをのんでやすみました」の年越しの宴にも頓着しない〈じいさま〉と〈ばあさま〉の〈愛〉の響き合い

そして、年越しの夜、二人はもちつきのまねごとをする。

じいさまは、／米のもちこ／ひとうすばったら／と、いろりのふちをたたきました。／すると、ばあさ

まもほほとわらって、／あわのもちこ／ひとうすばったら／と、あいどりのまねをしました

〈じいさま〉と〈ばあさま〉のなんとも調子のよい、愉快な餅つきである。真似っこではあっても「お正月さん」への真に心のこもった寿き歌であった。そして「つけなかみかみ、おゆをのんでやすみました。」、それが二人の年越しの宴である。いや、それでも〈じいさま〉と〈ばあさま〉には屈託なくあっけらかんと「笑い、歌い、遊ぶ」心の幸せがある。そこにはユーモアさえある。

二人はこの世で背負った宿命を受け入れてしまった者たちである。この世の欲を棄てて生きるとき、その修羅も消滅する。まるで二人は母の〈愛〉の下、屈託なく「笑い、歌い、遊ぶ」幼子のように生きている。これが〈清福〉の人たち、〈じいさま〉と〈ばあさま〉の響き合う〈愛〉に生きる姿であった。この〈愛〉は裁くのではなく受け入れる〈愛〉であろう。

④〈じいさま〉と〈ばあさま〉と響き合い、人物となった〈六じぞうさま〉の〈愛〉の贈り物

「じょいやさ　じょいやさ／と、そりを引くかけ声がしてきました。」

明日のいのちさえ知れない赤貧を生きている〈じいさま〉と〈ばあさま〉に応答する〈六じぞうさま〉のこの掛け声には、力強いリアリティがある。私たち聴き手にも「じょいやさ、じょいやさ」と一緒に唱和したくなる共感が湧き上がる。岩崎京子の昔話再話『かさこじぞう』はこの世と地続きのファンタジーの物語が語られているのではない。終末の場面では昔話再話の語り手と現代の聴き手と

の祈りが、〈六じぞうさま〉にいのちを与え、声を発し歌うという奇跡のリアリティを実現させたのだ。そして、この世の〈向こう〉に〈じいさま〉と〈ばあさま〉もろとも連れ去り、地蔵浄土の世界に転生させてしまったのである。

Ⅱ 『かさこじぞう』(いわさききょうこ)の授業構想―読書日記を書き綴る―

1 『かさこじぞう』(いわさききょうこ)はどう読まれてきたか

① 武藤清吾の「文学教材で身に付ける学力」の問題

「かさこじぞう」の授業は二つに大別できる。一つは物語教材として読む授業である。もう一つは、語りを活用した表現活動を中心にした授業である。これは一九九〇年代以降の学力論議の反映である。また、物語教材として読む授業は、文学を楽しむ、言語技術を学ぶという立場がある。表現活動を重視する授業では、音読する、群読する、劇化する、ストーリーテーリングの指導が行われてきている。どれも他者との共同の学びが意識されている。

(『文学の授業づくりハンドブック・授業実践史をふまえて』第1巻浜本純逸監修・難波博孝編　渓水社　二〇一〇、六)

武藤清吾のこの論文は、一九九〇年代の「ゆとり教育と学力低下」、「文学教材の詳細な読解批判」から今日に至る授業実践を学習指導要領の歴史の観点からまとめている。

武藤の指摘する他者との共同の学びによる生活言語の習得を、私も決して軽く考えているわけではない。しかし、「文学教材を読み深める」ことは、「文学教材でどんな学力を身に付けるか」を、学びの終着点とすることではないと私は考えている。

なぜ国語科学習が文学教材を必要としているのか。この世の修羅を超えてしまった〈いのちの価値・生きることの意味〉を、ここでは昔話再話『かさこじぞう』に問うているのである。生活言語や言語技術の習得も〈清福〉へのリアリティへと向かう「作品の意志」（田中実）に寄与するための必要と考えるべきである。

②「登場人物の気持ちの〈読み〉は多様である」ということの問題

二〇二〇年度版の教科書教材（二年下）として『かさこじぞう』（いわさききょうこ）は、四社で掲載されている。ここでは教育出版の二〇二〇年度版『教師用指導書』を取り上げて「読みは多様である」ということの問題を考えてみたい。

三・四時　2　登場人物の気持ちを考えながら詳しく読む。

(1)　じぞうさまは、なぜ、いろいろなものをじいさまとばあさまの家に持っていったのか。

(2)　じいさまとばあさまは、どのような人物だと思うか。わかるところを見つけて紹介し合う。

五・六時　3　いちばん好きな場面とその訳《ママ》を紹介する。

七・八・九・一〇・一一時　＊音読発表会の準備をする。音読発表会をする。（一・二時省略）

「読むこと」に六単位時間を使い、その成果を「表現活動」につなげる単元構成は教材の〈読み〉自体を学習内容としていることでは一定の評価はできる。

しかし、読み手が捉えた「できごと」〈ストーリー・プロット〉は、読み手の主観がつくった思い込みの物語である。その語られた「できごと」を捉えることは極めて大事だが、物語の不思議を囲い込んで「なぜそう語ったのか」問う、（メタプロット）の〈読み〉をこの『教師用指導書』はまったく捨ててしまっている。言語活動の音読発表会は劇化である。それは舞台上のドラマのリアルである。問題はその外部客席の観客の「心のドラマ」のリアルである。『教師用指導書』は、「できごと」の内部の中心人物〈じいさま〉と〈ばあさま〉の気持ちの変容の読みに止まってしまった。

〈じいさま〉と〈ばあさま〉と人物〈六じぞうさま〉はこの世の修羅の〈向こう〉に消滅し、浄土の世界で一緒に生きている。だからこそ、読み手の常識では石としか思えない「六じぞうさま」に〈じいさま〉がふぶきの日に笠や手ぬぐいまでをかぶせたお礼に、生きた〈六じぞうさま〉たちが「正月じたく」を届けた不思議にも読み手はリアルに納得できるのである。

③　渕山真吾「主人公の生来優しいキャラ」を捉え直す〈読み〉の問題

また、渕山真吾は二一世紀型知識基盤社会のキーワードである「キー・コンピテンシー」の授業を先取りし報告している。渕山は「人の幸せは心のもち方の中にある」ことを「かさこじぞう」の普遍的価値とし、それを読み取らせることを学習課題とした。

人の幸せはものの有無で決まるのではなく、心のもち方そのものの中にあることを読み取らせようとしているのである。子どもたちには、じいさまとばあさまの「優しさ」を読み取って学習を終えるのではなく、じいさまとばあさまに憧れの気持ちをもち「欲張らないよさ（幸せを決めるのはものではなく心である）」を読み取らせることができると考える。

（渕山真吾「キー・コンピテンシーを意識した授業づくり―「かさこじぞう」の実践を通して―」広島大学附属三原学校園研究紀要第６集、二〇一六）

渕山真吾は〈じいさま〉と〈ばあさま〉は「生来優しいキャラ」なのだとする通常の読みではなく、「人の幸せは心のもち方」を優れた「情報」とし、それを読み取る力を「キー・コンピテンシー」とした。「優しいキャラ」の捉え直しは評価できる。問題は読み取った価値（情報）が実体とされ問われることがないことにある。

渕山は〈語り〉の思想を「人の幸せは心のもち方」だと読んでいる。その〈読み〉を私は否定するのではないが、岩崎京子の〈清福〉はそれを超えているのだ。〈清福〉の眼差しが民衆の暮らしを包み、照らし返す。底なしの「心の闇」を生きる現代の読者一人ひとりの「幸せの価値観」をも照らし返すのである。〈生きていることの意味〉を問い返すのである。

2　教材『かさこじぞう』（いわさききょうこ）の学習指導目標

教育の目的（人間性等）〈価値目標〉

○登場人物の相関関係が生む《他者性》を問い続け、〈自己や世界〉を問い返す

単元（題材）目標

(1) **「学びに向かう力」〈態度目標〉**

○昔話再話『かさこじぞう』が現代の読者に問う、いのちや生きることとの意味を掘り起こす

(2) **「読むこと」の「知識・技能」**

○石の「六じぞうさま」が生あるものに転生した〈語り〉の〈仕組み・仕掛け〉を捉える。

(3) **「読むこと」の「思考力・判断力・表現力等」A・B**

A　なぜ、〈じいさま〉は、〈じぞうさま〉にかさをかけたのだろうか？

A　なぜ、赤貧の暮らしの〈ばあさま〉と〈じいさま〉は愉しそうなのだろうか？

B　〈じぞうさまたち〉が人物となり「お正月もん」を届けにきたと、語り手が語ったことの意味を考える。

3　教材『かさこじぞう』（いわさききょうこ）学習過程（例）

①　**初読の読み**

読み手は読めない語句等を辞書で引いたりしながら、〈じいさま〉、〈ばあさま〉や〈町の人たち〉、〈六じぞうさま〉の関係に感情移入して読んでいく。**初読**は一回目の読みだけを指すのではない。何

度も読んで「できごと」の語りに引き込まれて読むことである。その認識を文章にして「書くこと」が「読むこと」である。〈読み〉は読者一人ひとりの中で深まっていく。心に残ったこと、不思議に思ったことを「読書日記」に書き綴る。

② 再読の読み

地蔵さまは修羅の「この世」の境界にいて浄土へ導いてくださる。それが地蔵信仰である。そうであるならば『かさこじぞう』は、〈六じぞうさま〉が〈じいさま〉と〈ばあさま〉を浄土へお迎えに来た話となろう。この終末の不思議を読み解くために、〈六じぞうさま〉がいのちある登場人物となったということで、何を〈語り手〉は語ったのか、**再読**でそれぞれの人物の相関の「心のドラマ」をありありと想像し、現象させて文章にしてみる。これを〈読み手〉の〈本文《ほんもん》〉という。**二人は大晦日にこの世を去ったのであろう。これがテキストには隠されている。**「この世を死んで、永遠のいのちを得た」昔話である。いや、〈じいさま〉と〈ばあさま〉の生涯は、修羅のこの世でも〈清福〉の人たちであった。岩崎京子はそう語りたかったのだ。今回私はこのことに気づかされた、私に現象した『かさこじぞう』である。あくまでも「私に現象した」である。

つまり、このように不思議については叙述から〈読み手〉に分かることと、その〈向こう〉に、未来永劫に見えない本当の世界（〈原文《げんぶん》〉）があることが想定できよう。私たちの〈本文《ほんもん》〉（「現実」）とは、知覚できない「**〈原文《げんぶん》〉の影**」の現象なのである。したがって、読み手は文章を読み直す度に自分のこれまでの〈本文《ほんもん》〉は壊れてしまい、新たな発見で書き直さざるを得ない事態になるのである。

これが田中実「第三項」論の〈読み方〉であると私は理解している。言語活動として「読書日記」を設定した根拠もそこにある。

4　想定される学習課題（三つの不思議）と設定の意図

A　なぜ、〈じいさま〉は、〈じぞうさま〉にかさをかけたのだろうか？

〈じいさま〉と石の「じぞうさま」の相関関係を読む課題である。視点人物〈じいさま〉にとって「六じぞうさま」は自分と同じ世界に生きている。〈じいさま〉が寒ければ、「六じぞうさま」も凍えるのである。〈じいさま〉の石の「六じぞうさま」への語りかけは、そこに居ない〈ばあさま〉への間接的な語りかけでもあった。「これでええ、これでええ」も「やっと安心した」のも〈ばあさま〉の反応を心の内に思い描いてのことであろう。そして、〈じいさま〉を迎える〈ばあさま〉も「おお、それはええことをしなすった」と響き合う。二人の〈愛〉の語らいがそこにある。

B　なぜ、赤貧の暮らしの〈ばあさま〉と〈じいさま〉は愉しそうなのだろうか？

〈じいさま〉と〈ばあさま〉の相関関係を読む課題である。聴き手は明日の食べ物もおぼつかないにもかかわらず愉しげな〈じいさま〉と〈ばあさま〉の餅つきの様子に違和感を持つだろう。この不思議につまずく。だが、語り手は聴き手にそう〈仕掛け・仕組ん〉で語っている。

二人は互いに響き合う子どものような〈愛〉の相関関係を生きていた。〈じいさま〉が囲炉裏のふちを叩けば〈ばあさま〉があいどりのまねをし、〈ばあさま〉が歌えば〈じいさま〉が踊るのである。

底無しの「心の闇」の不安に漂うのがこの世の修羅を生きる私たちの宿業である。いや、そうであればあるほどに心のよりどころは二人の「響き合う〈愛〉」の世界なのではないか。

C 〈じぞうさまたち〉が「お正月もん」を届けにきたと、語り手が語る意味を考えてみよう

終末の場面で石の「じぞうさま」がいのちある〈六じぞうさま〉に転生した不思議を考える。語り手と聴き手の願いと祈りが、〈六じぞうさま〉が声を発し歌うという奇跡のリアリティを実現させたのではないか。そして、この世の〈向こう〉の地蔵浄土の世界に二人もろとも連れ去ってしまったのではなかろうか。

こうして「六じぞうさま」と共に生きてきた赤貧の「〈じいさま〉と〈ばあさま〉」のユーモラスな悲喜劇は昔話の民衆の〈愛〉と響き合い、現代人の「心の闇」にも瞬く「響き合う〈愛〉の地蔵星」となって、今も生き続けている。私には昔話再話『かさこじぞう』はこう現象した。

あまんきみこ

白いぼうし

作品研究

『白いぼうし』の罪と愛

田中　実

I　さまざまな読み

1　「現実」と「非現実」のあわい

あまんきみこ作『白いぼうし』は一九六七年八月、雑誌『びわの実学校　二四号』に発表され、翌年創作童話集『ポプラ創作童話3　車のいろは空のいろ』（一九六八・三、ポプラ社）に収録された連作の一つです。この年は敗戦から二十二年が経ち、既に三年前には東京オリンピックが開催されていました。お話の舞台の街はチョウが普段に飛び交うなどまずないところ、ここで幼稚園児のたけのたけお君が本物のチョウを捕まえたのですから、興奮するのは当然です。たけお君は白いぼうしの中にチョウを閉じ込めたまま、お母さんに見せようと勇んでいます。それは田舎から出てきた松井さんにも十二分に理解できることでしょう。ここまでは日常の何気ない一齣です。

この時代、まだタクシーは自動ドアではないものがあり、ここでは客の方から開けることができたのでしょう。またこの日は六月のはじめ、いきなり暑い日で、客も松井さんもワイシャツの腕まくりをしていますから、冷房はなく、窓は開いていたと想像できます。これらは伏線です。松井さんが「夏みかん」を「白いぼうし」に入れてタクシーに戻ったとき、先に乗客が座っているのは珍しいことではあっても、全くあり得ないことではないでしょう。ところが、その乗客のかわいい女の子が車の走行中に消えました。このお話をファンタジー（空想物語）として捉えるなら、女の子はチョウの化身であり、目的地に着いたので、チョウに戻って窓から飛び出し、家族や仲間たちのところに戻った、とストーリー上の脈絡を付けることができます。しかし、ファンタジーではなく、リアリズムで読めば、これは現実のこの世には絶対に起こり得ない、むしろ奇怪な事件です。そうではなく、女の子が現れ、消えたのはタクシーの中の松井さんの幻想、妄想であり、チョウたちの声が松井さんに聞こえるのも幻聴、すなわち松井さんの意識の領域内でのことと捉えるなら、これは「現実」の出来事としても、つじつまが合います。

ファンタジーとして読むか、リアリズムの枠組みで読んでいくか、その双方とも可能な中、西郷竹彦氏は、「ファンタジーの世界とはどういう世界なのかというと、非現実の世界というのではなくて、現実と非現実の中間、つまり間（あわい）の世界です。「白いぼうし」でいえば、どこからどこまでが現実でどこからどこまでが非現実かは定かではありません。（中略）少女が車の中に入ってくるということは、現実にないともいえないし、現実に起こりそうなことだともいえないし、どちらともいえません。そのような世界にファンタジーが成り立っているわけです。／メルヘンは、最初から最後まで非現実の世界です。」（『文芸研教材研究ハンドブック7『あまんきみこ＝白いぼうし』』田川文芸教育研究会、一九八五・九、明治図書）と述べています。

これに対して宮川健郎氏は、これを「ファンタジー一般の説明としてではなく、「白いぼうし」の独自性に関する説明として聞けば、見事にあてはまる。」と賛同し、「「ふつう」と「ふしぎ」を切りかえるスイッチの見えない「白いぼうし」は、どこからどこまでが現実で、どこからが非現実かわからない。タクシーは、町を走る密室だから、客席に女の子がいたということも、松井さんひとりの思いこみにすぎないのかもしれなくて、松井さんの体験をだれにもたしかめることはできないのだ。」(「あまんきみこ「白いぼうし」、その見えないスイッチ―『文芸研教材研究ハンドブック』を読む―」『国語教育と現代児童文学のあいだ』一九九三・四、日本書籍)と一般的なファンタジーとは区別して論じています。世代を異にするお二人は共に、この『白いぼうし』はファンタジーの中でも特殊な、「現実」の中に「非現実」が入り込んでいて、「現実」と「非現実」=「超現実」とが分かち難く区別の付かない作品と捉えています。

2　あまんきみこの発言

あまんきみこご本人はこうした「現実」と「非現実」の幻想、これをどう考えているのか、女の子はチョウなのか、それとも松井さんの幻想なのか、『あまんきみこと教科書作品を語らう』(あまんきみこ・長崎伸仁・中洌正堯、二〇一九・八、東洋館出版社)では、ある小学生の男の子とその家庭教師の先生から、この童話の読み方に関する質問の手紙が来たことを紹介しています。

手紙には「その中で、出てくる女の子はちょうちょなんですか? 僕は、この女の子はちょうちょだと思うんですが、担任の先生は『松井さんの幻想だ』、っていいました。」とあり、あまん氏は、

「この手紙を一読して、とても困ってしまったんです。どうしてかというと、担任の先生に、「ほら、作者がこう言っているでしょ」と言いたい感じがしたからです。それは、この子にとって、いいことなのかしらと悩みました。」と言い、何故なら自分は「行司ではありません。」とその根拠を述べています。読者の男子生徒の質問に対して、あまんきみこは消えた女の子がチョウか幻想か、どちらかに軍配を上げず、「この男の子も、大きくなってから改めて、「ああ、こういうことだったのだ」と広い意味で思い返してくれたら、ありがたい……、子どもたちが自分なりにいろいろ考えて想像をふくらませてくれたら、それはとてもうれしいことなのです。」と答えています。「作者」のこの発言はごく平凡に見えて、至言です。ここには文学作品が何のために存在し、何故文学研究という学問が存在するのか、その存在意義、アイデンティティの急所がさりげなく示唆されています。すなわち、あまんきみこさんは、**内容如何に関わらず、どう読もうと、あれこれ思い悩むことそれ自体に価値があり、意味がある、そう言われているように思います。**

3　松井さんは「現実」と「非現実」の蝶番《ちょうつがい》という説

近代文学研究者鶴谷憲三氏の「におい・意味の変容―『白いぼうし』論」（田中実・須貝千里編『文学の力×教材の力　小学校編4年』二〇〇一・三、教育出版）は、チョウの喜びの声を聴き取る松井さんのことを「日常的な空間と非日常的空間との間の、いわば〈蝶番《ちょうつがい》〉にあたる」と捉え、「異なる領域のいずれをも見晴かす眼の持ち主」と指摘し、前述の西郷・宮川両氏とも通じています。鶴谷氏の結論は、「男の子に代表される日常的現実の領域が、もんしろちょうの喜びの声に象徴される非日常的現実とその実表裏一体である」と捉え、「作者」は「生きとし生けるものが本来の状態にあることが最も自然で素直なことである」と訴えたかったのだと論じます。すなわち、「夏みかん」の素朴なにおいを踏まえ、その自然な受容者である松井さんの「眼差しは、いずれかに偏することなく、《優しい》」と、「作者」のまなざしに重ね、この作品を極めて高く評価します。

これに対し、難波博孝氏は「「文学」を教材として授業することへの疑問―『白いぼうし』の場合―」（同じく『文学の力×教材の力　小学校編4年』）で際立った相違を見せています。鶴谷氏が「夏みかん」を「故郷の母親（家族）・自然とを結ぶふかい絆」と捉えるのに対し、難波氏は、松井さんが「孤独な状態に置かれ、人とのつながりを作るための道具として彼が、わざわざ家から持ってきた」と、鶴谷氏とは逆、孤独な松井さんが人とつながろうとして持ってきたと読みます。さらに、松井さんはたけお君の「えもの」の代わりに「白いぼうし」の中に「夏みかん」を置いたため、大切な母からの贈り物を失い、いっそう孤独の深みに陥り、女の子を幻想する、しかもその幻想でも関わりを持てず、チョウの声の幻聴を聴く、と捉えます。母親の息子をいとおしく思うその愛情の象徴の「夏みかん」も、息子の松井さんにしてみれば、一層人恋しさと孤独の痛みを募らせることになると捉えるのが難波氏です。『白いぼうし』にファンタジーを排して、極めて自覚的・意図的にリアリズムを持ち込み、松井さんの内部に究極的な孤独の痛みを読み込むのです。氏はそこで先行の〈読み〉すべてと鋭く対立し、「『白いぼうし』の、私にとっての「作品としての物語」は、不安と不安定に満ちた「死者の世界」という私的な物語であった。そのような私的な物語を本来的に生み出すだろう文学というものを、教育という公的な場で「使う」ことは、今の教育体制・教育状況では、あまりにも多くの「犠牲」を学習者にも、教師にも強いるのであり、それは、これからも続いていくのである。」と挑発し、通説を完璧に転倒させて見せています。

なるほど西郷・宮川氏を含めた鶴田氏とこれに対立する難波氏の立場に小説・童話がどう読まれるか、文学研究と国語教育研究双方の到達した現在が見え、それぞれの世界観が見事に現れているように思います。鶴谷氏は作者のまなざしから作品全体像を俯瞰して明快、論としても完結しています。一方、難波氏はリアリズムを独自に追い詰めてスリリング、感嘆する冴えを見せて、この作品が国語教育にとって危険とまで論じます。教材になった童話『白いぼうし』がこうした〈読み手〉の人生観に関わる極限的対話、対決を許容するのかと驚きました。両者の相違がここまで顕在化すると、『白いぼうし』の表層のストーリーを捉えるのでは見えなかった秘密の扉の前に読み手は立たされることになりましょう。

4　松井さんのまなざしから〈語り手〉のまなざしへ

これまで見てきた諸論は基本的に松井さんのまなざしから見た世界を問題にしていました。ここにはその松井さんのまなざし、松井さんに見られた対象人物の女の子のチョウのまなざし、同じく幼稚園児のたけのたけお君のまなざし、それぞれ三者の物語が語られています。視点人物の松井さんの無意識領域も含めた意識の境界の外部に対象人物の女の子と幼稚園児たけのたけお君母子がいて、計三者の織り成す人間模様を〈語り手〉は俯瞰しながら、自らのまなざしで語っているのです。語られた出来事は実は、〈語り手〉によって操られ、仕組まれて、読者の前に表れていた……、それを我々は読まされていたのです。

『白いぼうし』の語られた出来事を視点人物のまなざしの枠組みで捉えるのみならず、作中人物のそれぞれを相対化し、彼らを俯瞰する〈語り手〉のまなざしを捉えて全体を構造化すると、どうなるでしょうか。そこに進む前に、そもそもこの童話も含めた近代小説の概念それ自体を、恐れずに問い直してみましょう。

Ⅱ　三島の蝶番《ちょうつがい》は「現実と超現実の併存状態」のその外部にある

以前にも若干触れたことですが[(1)]、三島由紀夫は自決を目前にしてどうしても書き残さなければならなかった『小説とは何か』(一九七二・三、新潮社)で、柳田國男『遠野物語』(一九一〇・六、聚精堂)の有名な箇所、話の〈語り手〉の曾祖母の通夜の晩、遺体が安置されているところに曾祖母の幽霊が現れ、その姿が見えただけではなく、着物の裾が炭取の籠に触れると、その籠がくるくる回ったという箇所を読んで、「あ、ここに小説があつた」と「三嘆」したと述べています。この炭取の籠が幽霊の着物の裾に触れて回る出来事は、我々が体験する不思議なことの限度を超えています。三島はこれを次のように述べています。

その原因はあくまでも炭取の廻転にある。炭取が「くる〳〵」と廻らなければ、こんなことにはならなかつたのだ。炭取はいはば現実の転位の蝶番《てふつがひ》のやうなもので、この蝶番がなければ、われわれはせいぜい

「現実と超現実の併存状態」までしか到達することができない。それから先へもう一歩進むには、(この一歩こそ本質的なものであるが)、どうしても炭取が廻らなければならないのである。しかもこの効果が、一にかかつて「言葉」に在る、とは、愕《おどろ》くべきことである。(傍線引用者)

ここで三島のいう「蝶番」と前述の鶴谷氏の「〈蝶番〉」とではちょうど位置が違い、世界観認識の次元を異にしています。鶴谷氏のそれは「現実」と幻想として現れる「非現実」との間に付けられますが、三島のそれは「現実」と「非現実」(=「超現実」)の間ではなく、その双方が重なり合った、「現実と超現実の併存状態」である「現実」と、その外部との間にあるのです。鶴谷氏が視点人物松井さんを「〈蝶番〉」と呼ぶとき、そこでは幻想あるいは「現実」の外部、〈向こう〉に「客観的現実」が実体として実在していることを前提にしています。その意味で、「現実」の中に「非現実」(=「超現実」)を受け入れて捉える西郷・宮川両氏と同様です。難波氏と鶴谷氏の対立はリアリズムの中の対立でした。こうした次元に対し、三島の小説観及びその小説は「客観的現実」と呼ばれる領域それ自体を斥けているのです。三島は実際に目で見え、知覚できるリアリズムの領域、「客観的現実」を真実の実在とするのではなく、言葉で創り出された小説の言語領域を真実とします。我々の日常の「現実」の物理法則が通用しない出来事を言葉の力で真実とする、それが「あ、ここに小説があつた」と三島が言うところの小説領域なのです。

この三島が「三嘆」する小説領域とは、「現実と超現実の併存状態」である「現実」をもう「一歩」進め、さらにその外部を想定しています。これは、村上春樹が顕在意識の領域を「地上」に、無意識の領域を「地下一階」に喩え、そのさらに「地下二階」に意識・無意識の外部の領域があると想定したことと重なります[2]。近代社会で広く信じられてきた「主観的現実」を超える「客観的現実」を真実とし、実在・実体とする世界観は、三島において、あるいは村上においては完璧に相対化され、哲学者大森荘蔵であれば、これを「通念」として斥け、「言語が世界を制作する」と明快に提示します（大森荘蔵『思考と論理』一九八六・三、放送大学教育振興会）。因みに三島はこの小説領域に生を全うしようとし、リアリズムの「現実」領域を余剰として峻拒、それが三島の自決の根拠ではないかとわたくしは考えています。このことは三島の死後半世紀経った現在も、近代文学研究界に限らず現代の思想界では理解されていないのではないでしょうか。

わたくしの極めて個人的な「近代文学史」の基本の構想を語ることをここでお許しいただけるなら、リアリズムを信奉し、その枠内にあるのが近代小説の本流、一方、リアリズムを一旦受け入れ対象化し、肉薄しながらも、そこから逸脱する次元、その外部の〈向こう〉である「地下二階」を介在させて創造し、生み出した作品群をわたくしは独自に「近代小説の《神髄》」と呼んでいます。森鷗外、夏目漱石、芥川龍之介、意外でしょうが志賀直哉の作品もそうです[3]。現代では村上春樹がその継承者の本命です。近代小説とは何かを考える際、坪内逍遥の『小説神髄』を基軸にするだけではなく、鷗外の自然主義文学の泰斗エミール・ゾラ批判を基底にした『小説論』から出発し、漱石・芥川・川端・三島等を経て、村上春樹の文学に至ると想定するのが、わたくしのいつもの提案です。

語り過ぎましたが、『白いぼうし』をファンタジーと解するか、それともリアリズムで読むかの対立、論争は実はどちらも「現実と超現実との並存」の枠組みの中での対立、準拠枠はリアリズムにあって、その中で空想を走らせるか、それを拒み、知覚できる現象の中でつじつまを合わせるかの対立でした。三島の小説はその対立をもたらすリアリズム自体を斥けるのです。その世界観は大森荘蔵に通底しています。

Ⅲ　仕掛けられていた「まほうの夏みかん」

そこで『白いぼうし』に戻ります。

第三段落、チョウの代わりに「夏みかん」を置いた松井さんが車に戻ると、女の子が座っていて、たけお君の姿を車の中から見て、「なの花よこ町」に急がせます。ところが、松井さんはこの時先に乗り込んでいた乗客の女の子には特に関心がありません。松井さんの関心・興味はたけお君母子の反応、チョウの代わりに入れた「夏みかん」に対する反応に集中していました。松井さんはたけお君がぼうしを取ってお母さんと驚くことを車の中で目に浮かべて楽しみにしています。自分の仕掛けたマジックに悦に入っているさなか、車中では事件が起きます。後部座席の女の子が走行中に消えたのです。松井さんはその不思議のわけを「考えかんがえ」ていると、窓の外には、どうしたことでしょう、たくさんのチョウが踊るように飛んでいて、そのチョウたちの喜びの声を松井さんが聴き取る、こう〈語り手〉は語っています。

プロットをたどる限り、チョウが「白いぼうし」の牢獄から脱出できたのは、松井さんがたまたまぼうしを拾い上げるという偶然のおかげですが、そもそも松井さんはなぜこの行為に至ったのでしょうか。松井さんは田舎の母親から「におい」まで届けようと「速達」で送られてきた「夏みかん」が嬉しくてこれを職場の車に載せ、「にこにこして」仕事をしていました。だから、車道近くで風に飛ばされそうな「かわいい白いぼうし」に目が留まり、拾い上げた、ここからチョウとたけお君との物語はさらに核心へと向かいます。この松井さんの一連の行為は母の「夏みかん」に込めた愛の力が引き起こしたこと、結果、チョウはその「夏みかん」を身代わりにして逃走に成功し、たけお君は失った「えもの」の代わりに愛のこもった「夏みかん」をプレゼントされます。松井さん自身もチョウを逃がしたお詫びに「夏みかん」を入れるというマジックを仕掛け、たけお君母子の反応を想像して楽しんでいました。

Ⅳ 『白いぼうし』の深層構造、その作品価値

1 チョウにとっての人間の文化の犯罪性

『白いぼうし』はやわらかくも簡潔な文体で語られています。これを視点人物の松井さんのまなざしから読むと、松井さんの母から贈られた「夏みかん」が冒頭から結末に至るまで愛の力を発揮し、十分魅力的です。多くそう読まれてきました。しかし、そのレベルでは『白いぼうし』の〈語り〉の深淵、その深層構造を捉えることはできません。語られた出来事を読むだけでなく、〈語り手〉のまなざし、そのパースペクティブから『白いぼうし』が如何に仕掛けられているかを捉えていきましょう。そうすると視点人物の松井さんのまなざしを超え、対象人物のまなざしの内側からも語られてい

ることが見えてきます。ここにはそれぞれ三つの家族、松井さんとその母親、たけお君とその母親、チョウとその家族たち、あるいは仲間たち、それら三者三様の愛の姿が、このお話の〈語り手〉によって仕組まれ、仕掛けられているのです。そこにこの作品の深層構造の領域が現れてきます(4)。

戦後の復興から高度経済成長へ、都市化による自然破壊が確実に進み、チョウたちの生息域がどんどん狭められていった戦後の都市の変貌がこの作品の背景にはあります。都会に住むたけお君は「あのぼうしの下さあ。おかあちゃん、ほんとうだよ。ほんとうのチョウチョが、いたんだもん。」と本物のチョウ、すなわち、たけお君と同じ命を持った「ほんとうのチョウ」と出会い、捕まえた興奮の中、エプロン姿のお母さんの手を引いて、勇んでそのチョウ獲得の現場に戻ろうとしています。車の中にいる松井さんもこれをちらっと眼にします。たけお君は真新しい「虫とりあみ」を手にしていました。町の中をチョウが飛ぶことは珍しいことであっても、母と子の姿それ自体はごくありふれた日常的な微笑ましい当たり前の光景です。ところが、チョウにとっては、「白いぼうし」は牢獄、「虫とりあみ」は忌まわしい凶器に外なりません。チョウたちは人間に悪さをしません。人間もチョウを食料にして生き延びるのでもありません。チョウの捕獲とは、人間にとってはただのお楽しみです。

「たけのたけお」なる無邪気な幼児がチョウを閉じ込める遊び、ところがこの人間の文化は、チョウにとって脅威以外の何ものでもありません。人間にとってはただの「白いぼうし」と「虫とりあみ」が、「ほんとうのチョウ」にとっては不条理のシンボルなのです。そうしたことはたけお君とそのお母さん、そして視点人物の松井さん、人間たちには一切自覚されないし、できないこと、例えば、松井さんはぼうしをつまみ上げたとき、逃げたチョウを「あわててぼうしをふりまわし」て捕まえようとしていました。だからでしょう、ぼうしから逃れて思わず松井さんの車に乗ったチョウの化身の女の子は、松井さんにお礼も言わず消えます。こうした人間とチョウとの断絶を〈語り手〉は踏まえ、その空隙を超えんと〈語り〉の創意が繰り出されているのです。それが松井さんの「夏みかん」の「まほう」であり、聴こえるはずのない異類の生き物チョウの「小さな小さな声」、「よかったね。」「よかったよ。」のリフレインが視点人物の松井さんに聴こえる仕掛けなのです。

2　仕掛けられた〈深層構造〉、その言葉の力

先に言っておきましょう。〈語り手〉は人類の文明をその外側からも捉えています。

前節で触れたように、〈語り手〉は松井さんの視点で出来事を語りながら、松井さんとお母さん、たけお君とお母さん、チョウとその家族・仲間たち、それぞれ三者が共に愛によって結ばれていることを語っていました。その意味で、三者はそれぞれ等価に語られています。それと同時に、その裏ではチョウが人間の文化によって理不尽な非対称性を強いられている悲劇をも語っていました。「白いぼうし」はチョウにとって牢獄、「虫とりあみ」は凶器です。〈語り手〉はこのチョウに対する人間の罪悪をほの見せ、これを超えようとしてこの物語を語ります。それは人間の文化の中にいては見えてきません。人間の文化の外部、その〈向こう〉、チョウのまなざしから捉えられなければならない、そして、たけおくんのまなざしとこれをクロスさせる必要があります。そこで何が生じるのか、そこからこのお話の深部・核心が開きます[5]。

〈語り手〉はまずたけお君母子に「えもの」のチョウを「夏みかん」に代えて見せる「まほう」を

松井さんにかけさせます。次にチョウを女の子に変貌させる「まほう」を松井さんにかけ、その女の子が家族たちのいる菜の花橋の所に着くと、チョウに戻し、家族再会の喜びの声を聴き取らせます。これによってチョウの喜びを松井さんにも分け与えています。

松井さんに異類の生き物の喜びの「よかったね。」「よかったよ。」の声が聴こえるのは、母の愛の籠った「夏みかん」の力がチョウに届いて、チョウもたけお君も松井さんも等しく幸せな愛に包まれるよう〈語り手〉が仕組んでいたのです。チョウと人類の間の溝、チョウの悲劇、人類の「罪」を母の「愛」で包む「まほう」です。

3　人間文化の罪と愛

〈語り手〉はお話の出来事、ストーリーを語るだけではなく、自らの語っている出来事を俯瞰し、構造化して語っていました。そこには広く人間の深部の普遍性に向かおうという意図がうかがえます。チョウの捕獲を楽しむ人間たちのチョウに対する無意識の罪を秘かに母の送った「夏みかん」の愛が包み込む物語としてリスナーの背後にいる読者に送る、これが『白いぼうし』です。〈語り手〉は人間たちとチョウたち、その双方に優しい愛を贈ります。罪は愛によってやさしく清められていきます。

振り返っておきましょう。

〈語り手〉は末尾、女の子が車中から消えたことを不思議に思う松井さんに「よかったね。」「よかったよ。」というチョウの声を聴かせています。松井さんはここで既に女の子はチョウだと気づいているのです。しかし、それは通常聴き取れるはずのない、リアリズムではあり得ないことです。〈語り手〉はそもそも「主観的現実」の外部に「客観的現実」が実在するという「通念」に立っていないのです。それは図らずも、三島由紀夫の前掲『小説とは何か』に通底しています。「言語が世界のあり様を制作している」という世界観に立って、『白いぼうし』はチョウと人類の命を等価に並べ、人類の罪をあがない、愛で満たすのです。

冒頭で見たとおり、この『白いぼうし』は一九六七年に発表されました。それからほぼ半世紀後、二〇二〇年七月『あるひあるとき』が発表されます。そこではナデナデの温もりの意味、生きることの奇跡のごとき貴重さ、生きることとの愛の尊さが語られています。日本の文学研究は一九七〇年代後半以降、長くポストモダンの昏迷の時代に入り、なし崩しのまま、今日に至りました。あまんきみこの童話はそうした昏迷からは一切免れています。世界が新型コロナウイルスとウクライナ侵攻という二重の苦難にある現在、罪を愛の優しさで包み込むこの作品が新たな輝きを放って見えてきます。

付記　本文の引用は『車のいろは空のいろ』（一九七七・五、ポプラ社文庫）に拠ります。

註

(1)　拙稿「〈自己倒壊〉と〈主体〉の再構築―『美神』・「第一夜」・『高瀬舟』の多次元世界と『羅生門』のこと―」（『日本文学』、二〇一六・八）及び同じく拙稿「現実は言葉で出来ているⅡ―『夢十夜』「第一夜」の深層批評―」（『都留文科大学研究紀要』第八四集、二〇一六・一〇）参照。

(2)　拙稿「村上春樹の「神話の再創成」―「void＝虚空」と日本の「近代小説」―」（馬場重行・佐野正俊編

『〈教室〉の中の村上春樹』二〇一一・八、ひつじ書房）参照。ここで、村上春樹が意識・無意識の外部である「地下二階」を「void＝虚空」と呼ぶ世界観認識を紹介しています。

(3) 拙稿「近代小説の一極北―志賀直哉『城の崎にて』の深層批評」（『文学が教育にできること―「読むこと」の秘鑰《ひやく》―』田中実・須貝千里編所収、二〇一二・三、教育出版）参照。

(4) これまで何度も述べてきたことですが、こうしたそれぞれ三つの物語が綾なすストーリーを読み解くためには、語られた出来事を読むとともにそう語っている主体、〈語り手の自己表出〉を読み取ることが肝心です。〈語り手〉がこれをリスナーに語り聞かせる必然性、その因果律、根拠を捉えることが必要なのです。そうすると、何故その話の筋がその筋であるのか、その筋の筋たる所以、内的必然性の力学（＝〈メタプロット〉）が〈読み手〉に現れます。そこには〈語り手〉の仕掛けている〈ことばの仕組み・仕掛け〉が浮上し、語られた三つの話の筋（ストーリー・プロット）の深層を読む地平が開くのです。第三段落以降の視点人物にとっての不思議な出来事とは、〈語り手〉の仕組んだ〈仕掛け〉、深層への扉だったのです。

(5) 同じくあまんきみこの作品で小学校教材になっている『おにたのぼうし』においても、〈語り手〉のまなざしは、おにたと女の子、決して相容れない両者の領域を見通して超越的に語っています。おにたからは見えませんが、おにたに残酷な悲劇をもたらしたもの、それは鬼を悪者とする人間の文化であることが語られています。その犠牲者であるおにたを〈語り手〉はいとおしく見、そのまなざしがおにたの悲劇を柔らく救い上げているのです（拙稿「メタプロットを探る「読み方・読まれ方」―『おにたのぼうし』を『ごんぎつね』と対照しながら―」『文学の力×教材の力　小学校編3年』田中実・須貝千里編所収、二〇〇一・三、教育出版）参照。

授業構想

『白いぼうし』の授業構想
―〈世界〉の同時存在と、その相互侵食を体感する―

山中勇夫

Ⅰ　はじめに

私たちの生活の基盤となっているのは、「見える」という知覚ではないでしょうか。「見えるもの」は「見えないもの」に比べ、格段に大きな説得力や安心感を私たちにもたらします。「見える化」という言葉は、現在様々な場で使われ、その具体策としてのマニュアルやシステム、エビデンス等が、そこかしこでもてはやされています。

しかし、こうした「見えるもの」への執着は時として、対象を正しく見つめる目を曇らせることもあります。例えば、何らかの目的に向かうための手段としてのマニュアルが一度示されると、そのマニュアル（手段）の完遂自体、それそのものが目的化してしまい、本来の目的が見失われてしまうことがしばしば起こります。「見えるもの」は、そのように、強力な力で私たちの認識や行動を方向付けることがあります。

私たちが、これらに惑わされず、より健康的な思考・行動をとることのできる主体としてあるためには、この「見えるもの」への執着を中和したり、相対化したりする視点や感覚を育むことが重要です。そして、そのためには、「見える」世界を相対化するための「見えない」〈世界〉の実在感を体感する教育が必要であると考えます。これを実現する糸口を『白いぼうし』の実践によって探っていくことが本稿の目的です。その基本的なポイントは、〈世界〉の同時存在と「条理の揺らぎ・軋み」にあります。これはいったいどういうことなのでしょうか。

『白いぼうし』では、松井さんにとっての「白いちいさなぼうし」は、男の子にとっては「魔法のぼうし」であり、チョウにとっては「地獄の牢獄」となります。ここで対象は、主体によって全く異なる存在として立ち上がっています。このことは一般的に、「一つの実体が多様に解釈された」と捉えられています。一つの「世界」の中で実体として客観的に存在する一つの「ぼうし」が、それを見る側の立場によって、それぞれに異なって見える、というものです。

一方、第三項理論では、これを、「複数の〈世界〉が同時に存在している」と考えます。松井さんと男の子とチョウは、別々の〈世界〉に生きていて、それらが等価に存在すると考えるのです。

この意味で、松井さんの〈世界〉は絶対的なものではなく、それは複数ある〈世界〉の一つでしかありません。田中論文でも引用されていた『遠野物語』の「炭取の籠が回転する」かの如く聞こえてくるチョウの声は、チョウの〈世界〉を垣間見せながら、松井さんの〈世界〉の地盤を揺るがせるものとして機能しています。

本授業構想は、『白いぼうし』の持つこのような力を教室で引き出そうとする試みです。一つだと思っていた物語の〈世界〉が複数になり、それらの〈世界〉の相互侵食について考えることで、読み手自身がすがる〈世界〉の条理の揺らぎを体感する授業をねらいます。

Ⅱ　『白いぼうし』授業構想

単元名

『白いぼうし』の「不思議」について語り合おう。

単元観

本単元案は、田中実氏の『白いぼうし』論に基づき、複数〈世界〉の存在を実感しながら、リアリズムで捉えた現実の枠組み（条理）の揺らぎを体感することを目的としています。そのため、単元の前半は、松井さんはもとより、チョウや男の子それぞれから見た夏みかん像やぼうし像を立ち上げることで、それぞれの生きる〈世界（条理）〉の同時存在を実感できるようにすることを意図しています。また、単元の後半は、「菜の花横町」と「菜の花橋」や、松井さんに聞こえてきた「小さな小さな声」を切り口に、松井さんの〈世界〉とチョウの〈世界〉の関係について話し合うことで、松井さんの〈世界〉の「条理」が揺るがせられる様子を体感していくことをねらいます。

単元（題材）目標

(1) 学びに向かう力（態度目標）

○『白いぼうし』の「不思議」について、叙述や自分の印象をもとに考えようとする。

○自分の〈世界〉の「条理」の揺らぎ・軋みを体感し、その他の〈世界〉の存在について考えようとする。

(2) 「読むこと」の「知識及び技能」

○『白いぼうし』のそれぞれの登場人物の〈世界〉を読む読み方を知る。

(3) 「読むこと」の「思考力、判断力、表現力等」

○『白いぼうし』のそれぞれの登場人物の立場の違いから、複数の〈世界〉を読む。

○『白いぼうし』内の複数の〈世界〉の関係性を読む。

Ⅲ 『白いぼうし』の単元提案

第○次……本単元に入る前の準備段階

『白いぼうし』の作品を読む前に、押さえておきたいことは次の二点です。

① 「車のいろは空のいろ」シリーズを教室に置き、いつでも読めるようにしておくこと

『白いぼうし』は、「車のいろは空のいろ」に収録された連作の一つであり、このシリーズの中で、松井さんは、数々の異界の者との出会いを果たしていきます。これらの作品に触れることで、『白い

ぼうし』の背景にある世界観や、運転手としての松井さんの人柄に触れておきます。

② 夏みかんの匂いを嗅いでおくこと

本作品は「これは、レモンのにおいですか。」から始まり、「車の中には、まだかすかに、夏みかんのにおいがのこっています。」で閉じられています。いわば、物語全編が夏みかんの「におい」の中にあります。そもそも「におい」とは、私たちの視覚の優位性を飛び越えて、感情や記憶、認識を強烈に方向付ける特殊な力を持っています。本作品もまた、その「におい」が全編を覆い、本来、相容れないはずの複数の〈世界〉が関係していく重要なトリガーとして働いています。

「におい」がもたらす特殊な感覚を改めて意識するためには、教室で実際にその匂いを嗅いでおくとよいでしょう。アロマ等による疑似的な物で代用してもよいと思います。

第一次（一時間）……教師による読み聞かせ、初発の感想・感想の交流

教師による読み聞かせから始め、初発の感想を書きます。感想は全員分を印刷して読み合うことで、それぞれの問題意識やものの感じ方に互いに干渉し合う機会へとつなげます。

その後、およそ以下のような観点で、初発の感想を集約、整理しておきます。

・全体的な印象
・それぞれの登場人物から見た「夏みかん」について
・それぞれの登場人物から見た「ぼうし」について

・「菜の花横町」と「菜の花橋」について
・チョウの〈世界〉と人間の〈世界〉について
・「小さな小さな声」が松井さんに聞こえたことについて
（感想の交流には、全員の文章を一覧できるものを用意します。私はＡ５サイズに罫線を付したものに書かせ、コピー機の集約印刷機能を用い、Ａ３表裏で32人の感想を載せています。）

第二次（五時間）……「知識・技能」形成→「思考力等」形成

第二次一読目（一時間）　それぞれにとっての「夏みかん」について考える—複数の〈世界〉の実感①—

この時間は、初発の感想をもとに、松井さん、男の子、チョウのそれぞれから見た「夏みかん」の姿を明らかにしていきます。ここで特に重視すべきは、松井さんと夏みかんとの関係性です。

①　「夏みかんの匂いを嗅ぎながら、松井さんはどんなことを思うのか」について話し合う

まずはこのことを子どもに問います。その際、子どもから発せられる松井さんの過去や現在についての発言を切り口に、松井さんの仕事や年齢、家族構成、田舎での生活と都会の生活の違い等について想像を膨らませておきましょう。すると、松井さんにとっての「夏みかん」が、田舎で母親と共に過ごしていた時間を思い出させるものであり、それに似つかわしくないタクシーの車内に置かれることで、普段は意識していなかった都会の孤独感を浮き彫りにするものでもあることが明らかになっていきます。懐かしさは、同時に寂しさでもあります。板書には、田舎と都会、過去（少年）と現在

〈大人〉、母親とのつながりと、客との刹那的な関係、愛情と孤独などのコントラストが明示されるようにします。作品全体が、この夏みかんの匂いに包まれていることも改めて押さえておきます。

② 「男の子は夏みかんを見たとき、どんなことを思うか」について話し合う

同じ夏みかんでも、男の子が見た「夏みかん」はまったく異なります。チョウを母親に見せたい！と思う男の子の気持ちを十分に表出させておくことで、母親との愛情関係や、「夏みかん」が現れたときの、狐につままれたような心情を具体的に想像できるようにしましょう。劇化を取り入れることで、男の子の心情をより具体的に教室で共有できるようにします。

③ 松井さん、男の子のいずれかの中から自分で選んだ登場人物の立場に立って、夏みかんについての文章を書き、互いに読み合う

話し合いをもとに、登場人物になりきって文章を書きます。それを全員で読み合い、一つの物語の中の複数の〈世界〉の実在感を感じられるようにします。この活動は、次時からも継続して行います。

第二次二読目（一時間） それぞれにとってのぼうしについて考える――複数の〈世界〉の実感②――

ここでは、それぞれから見たぼうしの姿に迫り、作品内にある複数の〈世界〉を実感していきます。

① 松井さんや男の子は、「白いぼうし」をどう思っているのかを考える

まずは男の子や松井さんの立場から見たぼうしの印象について話し合います。男の子にとってのぼうしはチョウを「夏みかん」に変えるという、思いもよらない魔法をもたらすものであり、自分の所有物でありながら、自分の制御下にありません。一方、その魔法の仕掛け人である松井さんにとって、ぼうしは何ら不思議なものではありません。それは男の子を驚かすための道具、もしくはチョウを捕らえるための虫取り網としてあります。

② ぼうしの中のチョウの気持ちを考える

①で想像した男の子や松井さんと対照的に、チョウにとってのぼうしは自身の生命を脅かす地獄の牢獄です。その心情を体感するために、劇化を取り入れます。ぼうしの中にいるときのチョウの目に見えるもの（白い壁）、聞こえてくるもの（車の音や人の声）、灼熱のアスファルトの熱、この後のことを想像する恐怖、これらに囲まれるときのチョウの心情を、劇化等を生かしながら実感・共有していきます。ぼうしの中の時間を十分に立ち上げた後は、そこから解放されたときの心情も考えさせましょう。チョウの〈世界〉を十分に立ち上げた後は、チョウと松井さんの、それぞれから見た男の子像の比較もすることで、それぞれの〈世界〉の相違をより実感できるようにします。

③ 松井さん、男の子、チョウのいずれかの中から自分で選んだ登場人物の立場に立って、ぼうしについての文章を書き、互いに読み合う

前時に引き続き、今度はぼうしについての文章を書き、全員で読み合います。それぞれの人物の

〈世界〉が同時に、それぞれにあることを体感していきます。

第二次三読目（二時間）「菜の花横町」と「菜の花橋」について考える
―「条理の揺らぎ・軋み」の体感①―

ここでは、女の子が言った「菜の花横町」に対する松井さんの応答が「菜の花橋」であるという食い違いに焦点を当てます。この食い違いは、松井さんの〈世界〉とチョウの〈世界〉がばらばらに、しかし同時に存在していることを象徴的に示しています。

授業の議論はこの辺から、混沌としたものになっていきます。二つの場所が「同じ」とはどういうことをいうのか、その場所は見えているのか、見えていないのか、といった問いと向き合いながら、リアリズムによる「条理」が少しずつ揺らいでいく時間です。

①「菜の花横町と菜の花橋は、同じ場所なのか、違う場所なのか」について考える

この問いに対する答えは、恐らく次のように分類できます。①（同じ次元にあるけれども）違う場所にある。②同じ場所だけれどチョウと松井さんで見え方が違う。③（別の次元にある）二つの場所だけれど、それらがつながっている等。このような立場を表出させ、整理し、話し合いを行います。結果的にチョウが目的地（小さな野原）にたどりついていることから、早々と①は捨象されるかもしれません。②と③（あるいはその他）の議論では、チョウと人間、それぞれの〈世界〉がどのように絡んでいるのかが問題化されていきます。そしてこの問題は、チョウ（女の子）が人間の言葉で「菜

の花横町」と言っていることもあり、簡単には整理できません。子どもたちが自分の読みをじっくりと言葉にしながら、物語の中にある複数の〈世界〉の絡み方について考えていけるようにします。

② 「松井さんに『菜の花横町』は見えているのか」について考える

チョウの〈世界〉と人間の〈世界〉の交差を踏まえ、チョウの〈世界〉は松井さんには見えているのかという問題について話し合います。

ここでは松井さんに「チョウが見えているから横町も見えている……」「チョウの声が聞こえてくるから見えている」という意見や、「松井さんには小さな野原に見える（だから横町は見えていない。「横町」というくらいだから、チョウには街の賑やかな様子〈商店街、家、学校など〉が見えているはず）」……等のやり取りが想定されます。やり取りの中で、松井さんやチョウのそれぞれに見えているものの相違が問題化され、それぞれの生きる全く別の〈世界〉がより立体的になっていきます。

③ 「チョウの〈世界〉は物語のどこに（どのように）あるのか」について考える

これまでのことから、『白いぼうし』という作品は、松井さんの〈世界〉が、チョウの〈世界〉と接点を持つ物語、もしくはチョウたちの〈世界〉が侵食してくる物語と考えられます。では、いったいいつから、どのような形で、侵食してくるのでしょうか、これは松井さん自身にも認識されておらず、また、私たち読者にも容易には判別し難い複雑さをもっています。その複雑さを体感するために、ここでは、本文からチョウの〈世界〉が訪れたと思われる箇所に線を引く活動を行います。個人で考えた後、それを、拡大全文掲示した本文に全員で書き込むなどして、視覚的に共有します。そのうえで、線を引いた箇所の相違点について話し合います。子どもたちそれぞれの物語の受け止め方の相違の交流が、二つの〈世界〉の交差の複雑さの体感につながっていくことをねらいます。

④　松井さん、チョウのいずれかの中から自分で選んだ登場人物の立場に立って、菜の花橋や菜の花横町についての文章を書き、互いに読み合う

前時に引き続き、今度は、菜の花橋・菜の花横町についての文章を書き、全員で読み合います。読み合うことで、複数の〈世界〉が侵食し合う様子の複雑さを体感することをねらいます。

第二次四読目（一時間）「松井さんに声が聞こえたのはなぜなのか」について考える
―「条理の揺らぎ・軋み」の体感②―

『白いぼうし』に登場する男の子には、ぼうしの中のチョウが「夏みかん」に変わるという「まほう」が訪れます。この「まほう」は松井さんによって仕掛けられたトリックなのですが、男の子にはそれが見えません。一方、松井さんには、幻想的な野原に導かれ、チョウの声が聞こえるという魔法が訪れます。『白いぼうし』は、このように男の子と松井さんの双方に、主体には理解不能な異次元の出来事（魔法）が訪れるという共通点があり、それらが対比的に示される構造によって、松井さんに訪れた現象の裏側にも何らかの仕掛け人がいることが暗示されています。

①「松井さんに声が聞こえてきたのはなぜなのか」について考える

授業では、男の子にとっての魔法とその仕掛け人（松井さん）を示しつつ、それと重ねて、松井さんにとっての魔法とその仕掛け人の領域の存在が構造的に分かるように黒板に示します。この仕掛け人について、チョウが意図的に仕組んだのだという声が上がると思われます。しかし、松井さんもまたチョウを捕えようとしたこと、チョウから聞こえてきた声が「ありがとう」ではなく、「よかったね。」「よかったよ。」であったこと等を踏まえると、単純なチョウの恩返しとは考えにくくなります。

他にも、チョウの「小さな　小さな声」に呼応するように、夏みかんのにおいが「かすかに」残っていることから、「声」と「におい」との関係性を指摘する意見や、チョウの家族と松井さんと男の子それぞれの家族の愛情との共通点を指摘する意見も出されることが考えられます。

このように、このチョウの声が聞こえてくる場面は、夏みかん、チョウ、男の子と母親、松井さんの母親等これまでに読んできた内容のほとんど全てに関わりながら、ばらばらの〈世界〉同士の融和・侵食とも言える事態が巻き起こります。子どもたちの多様な意見を引き出しながら、この場面の混沌とした情景を立体化していきます。

②松井さん、チョウの中から自分で選んだ登場人物の立場に立って、最後の場面についての文章を書き、互いに読み合う

前時に引き続き、今度は、最後の場面についての文章を書き、全員で読み合います。複数の〈世界〉の交差と融和・侵食に立ち会う登場人物の言葉が教室で共有されるようにします。

第三次（二時間）まとめの感想とその交流……「学びに向かう力」形成

これまでの議論を通して、子どもたちには、それぞれの「白いぼうし」の物語が立ち上がっています。ここでは本単元全体を通じた感想を書き、それを全員分印刷して配布します。共感や異論などを自由に表出できるようにし、それぞれの〈読み〉の相互干渉を図るとよいでしょう。

Ⅳ　おわりに

以上、複数の〈世界〉の同時存在と、それらの融和・侵食による、条理の揺らぎを体感する『白いぼうし』の授業構想について述べました。これらは、「Ⅰ　はじめに」で述べたように、「見える」世界を相対化するための、「見えない」〈世界〉の実在感を体感する教育として、私の教室実践をもとに提案しています。私見によれば、「見えるもの」に執着し、過剰にシステムやマニュアルの敷かれた教室は、どこか汲々として、生きづらい空間になりがちです。これに対し、「見えない」ものを見ようとする、言葉にできないものを分かち合おうとする教室は、自身の認識を越えた他者の言葉や、思いもよらない出来事に対する寛容さを身につけていくように思います。

『白いぼうし』の授業が教室に、自分の認識を超えたものへの想像力と、それへの寛容な態度を育んでいく……そのような目標を見据えたものとして本提案を捉えていただければ幸いです。

新美南吉

ごんぎつね

作品研究

「ごん狐」の深層―孤独の越え方―

横山信幸

「ごん狐」[1]は、何を描いた物語なのか。鈴木啓子氏は、『ごんぎつね』を「「小説」的特性」という観点から見れば、通じ合うことのできない兵十とごんという「他者同士」の「ディス・コミュニケーションのテーマが浮上してくる」[2]と言う。これに対して、田中実氏は「氏の言う「他者」は〈わたしのなかの他者〉、「わたし」の延長でしかない。だから〈兵十はごんと「他者同士」ではなく―引用者注）「分身関係」になってこの物語を語れるのであ」[3]ると言う。さらに田中氏は、これは「他者性とは逆、亡き母を恋う〈物語の力〉こそ『ごんぎつね』の価値を支えていたと筆者なら考える。」と言う。十八歳三カ月の若き南吉がノートに書き残したこの物語の意味は何であるのか。作品の構成から言えば、これは兵十が村人に語った贖罪と鎮魂の物語と読むことができる。だが、問題はそう簡単ではない。本当のところ、これは何を語った物語であるのか。

Ⅰ「在る」ということ

わたしはかつて、十七歳五カ月の南吉が日記に書き残した「煙の好きな若君の話」という異様な物語について、次のように述べたことがある。

ここには、この世界の出来事から遠く隔てられて在るものの姿がある。（略）喜びも遠ければ悲しみも遠く、それゆえ深い絶望も無ければ、また湧くような喜びもない。すべてが白々と、自分の彼方に展開する。（略）

この無意味の世界から、どのようにしてこちらがわの世界に引き返すか。それが、南吉が抱え込んだ人生の課題であった。

（拙稿「南吉童話と「第三項」――〈語り手〉が語り得なかったもの――」『国文学 解釈と鑑賞』第七六巻一号、二〇一一）

「権狐」は、それから一年のち、十八歳になった南吉が、この白々としたまなざしの世界から抜け出すために書かれた作品であったと思われる。これは、「この世界への信頼」を獲得し、「自分は世界とともに在ることを許されている」という確信を得るために必要とされる物語であった。南吉の試みは成功したのだろうか。「煙の好きな若君の話」にも「権狐」にも、南吉の作品の深層には幼少期に彼が被った過酷な出来事が潜んでいる。

南吉は、四歳のとき実母を失い、五歳七カ月のとき継母を迎え、八歳のとき突如養子に出された(4)。知らない土地の人気の無い大きな農家で、血のつながりのないおばあさんとたった二人で暮らす日々は、どのようなものであったのか。彼がこのとき負った傷に正面から向かい合うことができるようになったのは、二十歳を越えてからである。二十一歳のとき、南吉は、幼い頃の出来事を次のように書いている。

おばあさんといふのは、夫に死に別れ、息子に死に分れ、嫁に出ていかれ、そしてたつた一人ぼつちで長い間をその寂莫の中に生きて來たためだらうか、私が側によつても私のひ弱な子供心をあた、めてくれる柔い溫いものをもつてゐなかつた。

(「無題「常夜燈の下で」」(二十一歳六カ月)、『校定新美南吉全集』第七巻、大日本図書株式会社、一九八〇)

ひとり養子先で過ごさなければならなくなった子どもの、死に比すべき孤独の体験は、「川(A)」(二十二歳)にもみごとに書き表されている。知らない村で、泳げない「伸」は、よく知らない友だちと交わるべく、背の立たない川に飛び込む。

伸は眼を閉ぢた。跳んだ。宙に體が浮いた瞬間、彼は村の方で蝉が鳴いてゐること、おばあさんは彼が何をしてゐるか知らずにゐること、彼は村にもうかなり長い間ゐたといふこと、町には父と母と弟達、よく遊んだ友達がゐるといふこと、母は伸のほんたうの母でないこと等を伸は走馬燈のやうにすばやく感じた。そして體が冷たい水にふれた瞬間、頼った腕はそこにないこと、坂市と三郎は伸をだましたこと、ほんたうは水が立つことの出來ない程深いのを伸は初めから知つてゐたこと、三郎がここまでだといって胸のところまで來る水の深さを示した時彼は立泳ぎをしてゐたのを伸はよく知つてゐたこと、自分はこのまま溺れ死ぬだらうこと、みんなみんな仕方のないことだといふこと等を同時に感じた。

（「川(A)」『校定新美南吉全集』五巻、大日本図書株式会社、一九八〇）

誰にも自分の思いを知られないまま、いままで自分が確かに在ったはずの世界から、八歳の子どもが向うの世界に消えていこうとしている。これは、疎外されてある者の、命を懸けた脱出の試みであるが、死をはっきりと覚悟してでのことではない。しかし、生への確信を持った脱出でもない。自分がこの世界に在ったことの記憶と、しかし、どこからもはじき出されたまま孤絶の死へと向かう瞬間とがくっきりと描かれている。もちろんこのような出来事が幼い南吉に実際あったのかどうかは分からない。確かなのは、南吉が十四年前の自分を、このように表現したことそのことのもつ意味である。

また、南吉は、次のようにも書きとめている。

それはまだ彼が町にゐた頃、近所の鍛冶屋の子と遊んでゐた時その子の母親が言つた言葉であつた――「伸ちやは、いはば要らん子だ、後から來たおつ母ちやんに子供衆が出來なすつたで。」すると彼は、その言葉を始めて聞いたあの時と同じやうに、誰もゐない遠い山の中の、暗い寂しい谷底に一つの木の實の如くぽつつりふり落されたやうに感ぜられた。魂を包んでゐた一切の温かいものが忽ち脱落していつて、魂は芯まで冷えてしまつた。伸は立つてゐることに堪えられなくなつてそこに蹲み込んだ。（「川(A)」）

なぜ、自分はこのような目にあわなければならないのか、この仕打ちをなんと考えればよいのか。これをことばにして考えることは、八歳の子どもには到底不可能なことであっただろう。十七歳になった南吉にとっても十八歳になった南吉にとっても、このとき幼い南吉が背負い込んだ世界はどのようなものであり、それにどのような意味を与えていくかということは、難しかったと思われる。

幼い南吉が陥った世界、それは「一人ぽつち」とか「寂しい」などということばでは言い表すことのできない、もっと根源的で危機的な世界であった。それは、自分が「在る」ということの根拠を失っていくこと、つまり「絶対的恐怖」へとつながっていく世界であったからだ。自分を支えてきたすべてのものが失われたと思ったとき、人は何を考え、どのようなことばを発するのであろうか。

旧約聖書「ヨブ記」は、神に背かれた（と思った）者の「孤独」と「苦悩」を描いた古典的な物語である。サタンにそそのかされ、神は「無垢な正しい人」「信仰の人」であるヨブを試す。ヨブは突如、牛も山羊も羊も使用人も自分の子どもたちも、理不尽に失ってしまう。友人は去り、親族からも疎まれ、人々は彼を笑い嘲る。苦痛と絶望と孤独の中、ヨブは彼の信ずる神と対峙し、次のようなことばを発する。

なぜ、わたしは母の胎にいるうちに／死んでしまわなかったのか。／せめて、生まれてすぐに息絶えなかったのか。／なぜ、膝があってわたしを抱き／乳房があって乳を飲ませたのか。

（「ヨブ記」３・11―12、「ヨブ記」からの引用は『聖書 新共同約』日本聖書教会発行、二〇〇九に拠る）

ヨブは自分が生まれ出たことを呪い、自分が生き延びて今あることを呪い、神に訴える。一方、自分の存在を、「誰もゐない遠い山の中の、暗い寂しい谷底に一つの木の實の如くぽつつりふり落された」と感じた幼い南吉の孤独の苦しみは、「ヨブ」の孤独の苦しみと何ら変わるところはない。ヨブは神に背かれたと思いながら、なおも神を求め神と対峙した。だが、親から切り離された幼い子どもは、誰の前に立ち、誰に向かって、何を叫べばよかったのか。八歳の子どもは、ヨブのようには、自分を発することばを持っていなかった。

Ⅱ 「ごん狐」の世界

八歳の南吉の負った傷を癒し、彼をこの世界へと呼び戻すためにはどうすればよいのか。十八歳の南吉の書いた物語の基底には、この問題が横たわっていたはずである。わたしはさきほど「小さい南吉が陥った孤独の苦しみは、ヨブの孤独の苦しみと何ら変わるところはない」と述べた。では、「一人ぽつち」のごんの苦しみはどのようなものとして書かれているのか。「ごん狐」では、「一人ぽつち」ということばが繰り返されているが、問題は「一人ぽつち」ということばのもつ内実である。「川(A)」に描かれている幼い南吉の「孤独」の姿は、深くかつ鮮明である。しかし、「ごん狐」ではごんの内面に関する直接的な説明はない。だがそれは、ストーリーとして描かれている。ごんの死という出來事としてである。小狐はなぜ突如撃ち殺されたのだろうか。自分の存在を認めてもらうということは、死に比すべき困難さを伴うということだったのか。それとも、孤独の内実を説得力のあることばで描き切ることができなかったがゆえに、衝撃的な出來事が必要であったのか。自分が「在る」ということを確信できないところからくる不安や危機感は、どこから来てどこへ向かう苦しみであるのか。十八歳の南吉には、これはやはり難しい問題であった。それゆえ、この物語はストーリーとしては魅力的であるが、孤独であることの意味は必ずしも明らかではない。これは何が語られた物語なのか。

1 「他者」か、「分身」か

この物語は、ごんの死後、兵十が村人に語った物語であったと考えた場合、兵十は「ごん」の何を語ることができたのか。ごんの孤独の内面を表すことばは、「おれと同じ一人ぽつちの兵十か」ということば以外には直接には書かれていない。ごんの内面は、ごんの行動から推し量るしかない。田中実氏は、ごんと兵十とは「他者」ではなく、「分身関係」にあると述べたが、「分身関係」ということばの意味するところについて、いま少し考えてみたい。ごんを撃ち殺した兵十が、「孤独」なごんのすべてを理解し、これを人々に語るというこの物語の仕組みこそが、ごんが兵十に望んでいたことであったのではないか。自分の存在を人々に認めてもらいたいというごんの心奥の願いは、同時に、ごんを語るこの物語の真の語り手の願いでもあったはずである。

ヨブは、自分を孤独と絶望の淵に追いやった神を責めながらも、最後まで神を棄てなかった。ヨブは抗いながらも神とのつながりを持ち続けたが、八歳の南吉には己を受け止めてくれる誰がいたのか。この「孤独」の空間から自分を救い出してくれるのは誰であるのか。なぜ、自分はこのような目にあわなければならないのか。この辛さの向こう側には何があり、どのような世界の意思があるのか。それは八歳の南吉にとっては、いくら考えてもたどりつかない不可知な領域であるほかない。しかし、この世界を生きていくためには、ここから脱する道を探すしかない。それが十八歳になった南吉が抱えていた課題である。それは、ごんと兵十との完全な一体化という夢である。つまり、誰にも分かってもらえない子どもの内面を、そのまますくいあげて理解してくれる者、そういう者が存在することによって幼い魂は救済されるに違いないであろうということ。これが「ごん狐」という物語が試みられなければならなかった所以である。これを「分身関係」と呼ぶことも可能であるが、わたしはこれを「救われるもの」と「救うもの」との関係だと考えている。

2　兵十とは誰か

「お前だったのか。いつも栗をくれたのは。」という兵十の問いかけに対して、『赤い鳥』版「ごん狐」では、「ごんは、ぐつたりと目をつぶつたまゝ、うなづきました。」と書かれている。しかし、『スパルタノート』版では、「権狐は、ぐつたりとなつたまゝ、うれしくなりました。」と書かれていた。この部分が、この作品の一番大切な部分であったと思われる。それは、ごんが兵十に認められるということとそのことが、この物語の核心の部分であったからである。

兵十とは何者か。「権狐」脱稿の直前に十八歳の南吉が父を詠んだ歌がある。

この父が我がゆくすゑを思ふらむ　煙管持つ手のうごかざりけり（一九三一・九・一八）

いたつきの父とあらがひ言ひまかし　ばかにさみしくなりにけるかな（一九三一・二・一）

「スパルタノート短歌帳」には、他に父を詠んだ歌が六、七首ある。幼い自分を養子に出し、孤独の淵に追いやったのは、他ならぬ実の父その人であった。しかし、歌の底には、血のつながった肉親への思いが流れている。「権狐」の脱稿は一九三一年十月四日である。「権狐」は、南吉が十七、八歳のとき抱いた父親への思いと無縁であったとは言えないであろう。兵十に擬されているもの、それは実の父親に対する南吉の思いではなかったか。小さい南吉がこちら側の世界に帰ってくることができるとすれば、それは、自分を殺した相手が、殺された者の悲しみを理解し、自分の存在のすべてを引き受け包み込んでくれる、そういう確信が生まれたときであろう。それは救済の願いでもある。これは「分身」の関係であるとともに、自分と自分を越えるものとの合一への希求と言ってよいであろう。兵十の内面もその人柄も、この物語にはほとんど書かれていない。しかし、兵十の果たす役割については書かれている。

小さい南吉を突如撃ち殺した者、つまり南吉を養子に出したのは父親であり、南吉を呼び戻したのも父親である。兵十の姿に、十八歳の南吉は、自分を殺し自分を救うてくれた者の姿を見ようとしたのではないか。しかし、兵十による語りと村人によって語り継がれたごんの悲しみという物語の構成は、孤独な魂にとって本当の救済となることができたのかどうか。小さい南吉が抱え込んだ悲しみや寂しさは、伝承として共同体に受け止められることによって慰められるようなものであったのかどうか。

Ⅲ　孤独の越え方

八歳の南吉が陥ったのは、自分が「在る」ということについての確信の喪失であった。それは決して、「一人ぼっち」ということばで説明し尽くされるようなものではない。かつて佐藤通雅は新美南吉を論じて、「本当のかなしみとは、人間存在そのものにかかわるがゆえに人為的にはいかんともしがたいものであり、」（佐藤通雅『新美南吉童話論 自己放棄者の到達』一九七〇、牧書店）と述べた。そのとおりである。結局南吉は、終生この「孤絶感」「孤独感」「疎外感」「喪失感」から逃れることはできなかった。

では、「孤独」から抜け出るために南吉はどうしたか。それは起こった事態に目を伏せたり（「銭」）、日常の世俗の生活の中にあわてて逃げ帰ったり（「疣」）、あるいは事態の前に佇み思考を停止させてしまう（「小さい太郎の悲しみ」）、というような「逃避」でしかなかった。苦しみから逃れるために物語の主人公たちがとったもう一つの方法は、自分がいま「在る」ということに強い確信をもつことである。

死んだと思っていた兵太郎君が、突如親戚の家から帰って来たとき、久助君は次のように思う。「久助君は、しみじみこの世はなつかしいと思った。そしてめつたなことでは死なない人間の生命といふものが、ほんとうに尊く美しくおもはれた。」と。さらに思い出す。「それは、去年の夏、兵太郎君と川あそびにいつて、川からあがつたばかりのぴかぴか光るお互いの裸ん坊を、生ひしげつた夏草のうえでぶつけあひ、くるひあつて、互ひに際限もなく笑ひころげたことだつた。」(「川(b)」『校定新美南吉全集』第二巻)ということを。ここには、ひとが「在る」ことへの確信と、ひとが「在る」ことへの喜びが表されている。「在る」とは、あるときのある瞬間、今在るこの命を慈しむということであろう。孤独からの脱出とは、劇的な何かが起こることによって可能となるというものでもない。これが、南吉の孤独の「越え方」であった。

では、ヨブはどのように超えたのか。すべてを失いひとり神の前にたったヨブに、神は大嵐の中から直接応える。

お前はわたしが定めたことを否定し自分を無罪とするために　わたしを有罪とさえするのか。
(「ヨブ記」40・8)

お前は神に劣らぬ腕をもち　神のような声をもって雷鳴をとどろかせるのか。
(「ヨブ記」40・9)

神が説いているのは、「ヨブよ、おまえは神を非とし、自分を是とするのか。」とヨブを責めることばと、「神は偉大である。お前には神に比するような力はない。」という諭しのことばである。これは、ヨブの苦しみを直接解消してくれることばではない。にもかかわらず、ヨブは次のように言う。

あなたのことを、耳にしてはおりました。しかし今、この目であなたを仰ぎ見ます。
それゆえ、わたしは塵と灰の上に付し　自分を退け、悔い改めます。(「ヨブ記」42・5—6)

ヨブは己の傲慢を恥じて、神に懺悔したわけである。己を孤独の淵に追いやった神の行いを、ヨブは受け入れたわけである。その理由はただ一つ、「神は偉大である」という神のことばにしかない。「神は偉大である」という神自身のことばを前にして、なぜヨブは「わたしはこの口に手をおきます」（『ヨブ記』40・4）と沈黙したのか。いや、なぜヨブは神のことばを受け入れることができたのか。それは神がヨブに説いた次のことばの中にあったのではないか。

わたしが大地を据えたとき　おまえはどこにいたのか。（「ヨブ記」38・4）
そのとき、夜明けの星はこぞって喜び歌い　神の子らは皆、喜びの声をあげた。（「ヨブ記」37・7）

内村鑑三は、神のヨブに対する長い諭のことばの中から、特にこの部分を採り上げて次のように述べている。

〇次の第七節に言う「かの時には晨星あいともに歌い、神の子たち皆歓びて呼わりぬと。地の造られし時天の星と天使との合唱歓呼せしことをいう。まことに荘大なる言である。ああいかなる合唱なりしぞ。ああいかなる歓呼なりしぞ。人の合唱、人の歓呼すら荘大高妙を極むることあるに、これはまた類なき合唱歓呼……　…晨星声を揃えて歌い、神の子たち皆歓び呼わるの合唱歓呼である。

（内村鑑三『ヨブ記講演』岩波文庫、二〇一四）

繰り返し内村は言う。

ああ人は無智にして造化の秘義を知らぬ。そして独り悶えている。しかるに人の立つ所の地の造られし時において、全宇宙の讃美歓呼があったのである。神は地とその上に住む人を空しく造ったのではない。されば我らは地を見てそこに神の愛を悟るべきである。そして安ずべきである。

（同前）

神が「造化の妙趣」について語ったこの部分は、『旧約聖書』第三八章全四一節の中の僅か一節、一文でしかない。内村鑑三はその一文を特に採り上げて、われわれはその生誕の始まりにおいて祝福されていたのだ、生存の根源に対して信頼を持て、と言う。神の前にヨブが沈黙したのは、神のもつ暴力的な力や「神は偉大なり」ということばによってではなく、「かの時は、祝福されて始まった」という神のことばに対してではなかったのか、とわたしは思う。世界と自分の存在の根源に対する信頼と慈しみが、人を安らかにする。「在る」ということへの祝福を信じることができる者は、人を虚しくしない。

Ⅳ 「ごん狐」と「母」なるもの

人間の孤独の問題は、「この世界は自分の存在を根源のところで引き受けてくれているのだ。寿いでくれているのだ。」という世界に対する信頼感の有無と関連する。では、世界には意味があり、世界は究極のところでわたしを受け入れてくれるという確信は、どこから生まれる確信なのだろうか。ヨブの友人たちがヨブを前に語ったのは、ヨブの神への反抗的な態度を「諌める」こと、ヨブの信仰の足りなさを「咎める」こと、「理屈」で彼の過ちを正そうとすること、あるいは自分の「知識」の豊富さをもってヨブの至らなさを糾弾すること等々であった。ヨブはこれらのことばを受け入れることを一切拒否する。ヨブが己を悔い改めたのは、決して「神の偉大さ」の前に屈伏したからではない。ヨブは信じたのである。内村鑑三のことばで言えば、「人の立つ所の地の造られし時において、全宇宙の讃美歓呼があったのである。」ということばをである。理屈でも知識でも権威でもないことばによって、ヨブは自分がこの世界に存在することを肯定したのである。

南吉に話を戻そう。世界から突如放り出されることへの不安と苦しみを、南吉は終生描き続けた。この苦しみから逃れるために物語の主人公たちは、「そんな悲しみに何べんあはうと、平気な顔で通りこしていけばいいんだ。」(「疣」)と自分に言い聞かせてみたり、「そこに洋傘を投げ出しておき、一目散に走り出したい、欲望にかられながら。」(「銭」)と元の日常の中に逃げ帰ろうとしたり、「かういふ種類のことが、人の生きてゆくためには、肯定されるのだ」(「屁」)と開き直ってみたり、あるいはその場に佇み、「眉を少ししかめながら長い間みてゐるだけ」(「小さい太郎のかなしみ」)であったりするなど、そういう主人公たちの姿が繰り返し書かれている。

世界の始まりを祝福する声々を、「これはまた類なき合唱歓呼」と、共に讃えることができるということ。それが根源のところで世界を信じるということであろう。しかし、南吉は終生、自分と世界の存在について確信を持ち続けることができなかった。それはつまるところ、自分を産んだもの、つまり「母なるもの」への信頼を持つことができるか否かという問題とつながっている。自分は祝福されて生まれてきたのだろうか。自分は世界を讃えることができるのだろうか。「ごんぎつね」のテーマを、田中実氏は「母恋の物語」と指摘したが、これは的を射ている。それはごんと兵十の母親のことのみではなく、自分の存在とこの世界とを、究極のところ人はどのようにして肯定できるのかという、さらに大きな問題へとつながっていく指摘だからである。田中氏は「ごんぎつね」を論じて次のように言う。

ごんの死は母を失くし、一人ぼっちになった兵十の心の奥深く捉えられ、そのさびしく悲しい思いがごんを視点人物にしたこの作品の力を創り出すのであり、他者性とは逆、亡き母を恋う〈物語の力〉こそ『ごんぎつね』の価値を支えていたと筆者なら考える。（略）近代の理念にさらされることなく……。いや、今日、さらされることで逆にいっそう鮮やかに読み手に「他者化されていかない永遠の夢」、母恋いの寂しさによる友情の物語が浮かび上がり、この作品の「物語」の仕組みが、人の心を撃つのである。その点でこの作品にある種の永遠性があると信じている。そこに教材価値があると筆者には見える。（註(3)に同じ）

つまり、田中氏は近代化されることのない「母恋い」の物語が「人の心を撃つ」と言う。兵十にもごんにも「母」が欠けている。だが、物語の射程距離は「母恋い」を越えて、さらに深く長い。本当の孤独に陥ったとき、人は何によって救われるのか。内村鑑三が「ヨブ記」で心震わせたのは、「かの時には晨星あいともに歌い、神の子たち皆歓びて呼わりぬ」という天地生誕への讃歌のことばであった。つまり、この命の出発点には全宇宙からの祝福があった、という確信を持つことができる者にこそ、「人為的にはいかんともしがたい」存在の寂しさを越えることができる力が生まれるということである。

南吉の生きた土壌には、「世間」や「共同体」はあったが、ヨブが対峙したような「神」の観念はなかった。自分は生まれ出てもよかったのか、この世界は信じるにたるものなのか。南吉は、「孤独」の世界を抱え込んだまま二十九歳で夭逝する。

第三項に向き合うとは、幼い南吉がことばにすることができなかったあの「存在の果て」、〈空無の海〉に向き合いながら、自分と世界が在ることの意味を問い続けていくこと、そのことであると思われる。

註

(1) 「ごん狐」は、鈴木三重吉が新美南吉の草稿「権狐」（日記帳「スパルタノート」記載）に手を加え、『赤い鳥』（一九三二年一月号）に掲載した作品を指す。引用は『校定新美南吉全集』（一九八〇、大日本図書）に拠る。

(2) 鈴木啓子（二〇〇一）「『ごんぎつね』の引き裂かれた在りよう―語りの転位を視座として―」（田中実・須貝千里編『文学の力×教材の力』小学校編4年』教育出版）。『ごんぎつね』は教科書掲載時の題名。

(3) 田中実（二〇〇五）「「これからの文学教育」はいかにして可能か」田中実・須貝千里編『これからの文学教育のゆくえ』右文書院

(4) 新美南吉（渡部正八）は大正二年七月に生まれた。実母りゑは、大正六年十一月、南吉四歳四カ月の時に死亡。継母志んが大正八年二月に入籍し、同年同月（南吉五歳五カ月）に弟が生まれた。南吉が新美家に養子に出されたのは、八歳のとき（大正一〇年七月）である。継母志んは協議離婚（同年七月）するも十二月に復籍。南吉も十二月に新美姓のまま渡辺家に帰る。南吉がおばあさんの家で暮らしたのは四カ月余りだった。南吉が養子に出されたのは、りゑの実家である新美家の跡取りが絶えたためである。新美家にとって血縁上跡取りとして一番ふさわしいのは、りゑの子の正八、南吉であった。養子縁組には、りゑの継母であり、新美家に一人残る志も（南吉が「おばあさん」と呼んだ人）の意向がはたらいたという。りゑの母も早くなくなり、りゑの弟も子どもを残さずに亡くなり、やがてりゑの父も亡くなった。志もは、りゑの母が早く亡くなったので、そのあとに嫁いできた人である。（参照、大石源三『新美南吉の生涯 ごんぎつねのふるさと』一九九三、エフエー出版）

授業構想

「ごんぎつね」の授業構想―「声なき声」に耳を傾けるために―

佐藤宗大

はじめに

「ごんぎつね」はとても「懐の広い」作品だ。教師も、子どもも、そしてその保護者も、誰もがこの物語のことを知っているし、それぞれの読みを受け入れてくれる。だからこそ、「ごんぎつね」を扱うのは、教師にとって難しい。ただ読んでも十分面白いし、その言葉遣いに着目してみてもいい。しかし、それだけでは何やらもったいない。「ごんぎつね」には、まだまだ〝何か〟があるように感じる。

この物語との出会いをできる限り実りあるものにするには、どうしたらいいのだろう。「ごんぎつね」の懐の広さを、子ども一人ひとりのものだけではなく、教室のものとして共有するには、どんな手立てが考えられるだろう。

I　教材について―重なり合う「語り」、上書きされる「思い」―

まず、この作品の「懐の広さ」を分析することから始めてみたい。

結論から言えば、横山氏も指摘するように、その秘密は、本作が持つ「語り」の構造にある。本作の「語り手」たちは、物語の当事者たちの声を、自らの「語り」によって、悪意なくかき消してしまっている。しかし、当事者たちの声は、完全に聞こえなくなったわけではない。それは、言わば「声なき声」として、確かにそこにあって私たちに訴えかけるのである。

「ごんぎつね」は、当事者を遠く離れて、複数の「語り直し」によって成立している。「ごん」が人間の言葉を使うのは、「ごん」の語りが、すでに人間たちによって語り直されてしまっているからである。では、兵十はどうか。おそらく、「ごん」の思いを最初に上書きしたのは、「兵十」の「語り」だろう。そもそもこの物語は、「兵十」が語らなければ、永遠に表に現れることはなかったのだから。しかし、この「兵十」自身の「語り」もまた、それを語り継いだ「茂平」によって上書きされている。そして、「茂平」の「語り」もまた、「わたし（＝作者）」によって、「ごんぎつね」という作品として語り直されている。つまり、この物語の当事者は「ごん」と「兵十」の二人であるにもかかわらず、彼ら自身の生の言葉は一回も出ていないのである。

しかし、この物語には、どうにも「ごん」や「兵十」がいるように感じられる。他人ごととして語られたような雰囲気は、この物語には感じられない。それは、「語り手」たちもまた、「ごん」と「兵十」に起きたことに、自分なりの切実さを感じたからだろう。何かを「語る」ということは、「報告」とは違う。複層的な「語り手」たちも、そして読者である私たちも、「ごん」と「兵十」の「声なき声」に引き寄せられ、何かを「語らず」にはいられないのである。

だから、「ごんぎつね」という作品は、どのような思いも受け入れてくれる。この作品の「懐の広さ」の理由はここにあるし、だからこそ、この作品を深く読むということは、自分自身と向き合うことにもなりうる。

そして、「ごん」や「兵十」の「声なき声」に気づき、自らの思いを「読み」として語るとき、学習者は、「語り手」やまわりの人たちも、自分と同じようにこの物語の「声なき声」に気づき、通り過ぎることができなかったのだと気づく。彼らはなぜ「語った」のか。どうして、どのように、この物語の「声なき声」に立ち止まったのか。それに思いをいたすとき、学習者は自然と「他者」と向き合い、その思いを受け入れようとするだろう。この作品は「懐深く」読み手を受け入れるだけではなく、読み手の「懐をも広くする」のである。

Ⅱ　単元構想—「声なき声」に自らの思いを照らし出す—

では、本作の「懐の広さ」をどうやって授業に反映していくか。ポイントは、作品の「声なき声」と学習者を出会わせ、自分の言葉として「語る」ということにある。以下、筆者なりの単元構想を示したい。

単元名：茂平になってごんや兵十に手紙を書いてみよう

1　単元について

本単元では、重なり合う「語り」の深奥から響いてくる「ごん」と「兵十」の「声なき声」を聴くことを目指す。そのために注目したいのが、「語り手」としての「茂平」である。

「茂平」には、物語の「語り手」となる明確な動機が存在しない。たとえば、「兵十」は当事者であり、自分の問題として「ごん」との出来事を語ろうとするのは自然なことだろう。また、「わたし（＝筆者）」も、〝ごんと兵十の物語〟を、「ごんぎつね」という一方の当事者に寄せたかたちで「語り」直しており、ここにも何らかの「語る」動機が考えられる。しかし、「茂平」はこの物語をなぜ「わたし（＝筆者）」に「語った」のだろうか。「茂平」の人物像は明らかにされておらず、彼にとって一体何が切実だったのかは、全くの謎である。

しかし、一つだけ明らかなことがある。「茂平」がこの物語の「語り手」である以上、彼もまた、「ごん」と「兵十」の「声なき声」を聴き、通り過ぎることができなかったということだ。

つまり、「茂平」がどのように「声なき声」を聴いたのかを考えることで、私たちは、「ごん」と「兵十」それぞれの「声なき声」により接近できる。先にも述べたように、「ごんぎつね」という物語では、すでに「わたし（＝筆者）」による「語り」直しが起きている。テクストから素朴に物語を受け取ると、「兵十」の「声なき声」はほぼ聴こえないものとなってしまう（もちろん、「ごん」の「声なき声」も十分には受け取れていないのだが）。「茂平」はひょっとしたら「兵十」の思いに強く引き寄せられたかもしれないし、あるいは、「ごん」の側に同化したのかもしれない。「茂平」という「語り手」の謎を逆手に取ることで、私たちには、「兵十」の思いも汲み取れるようなより深い「読み」が拓けてくるのである。

そして、学習者が「茂平」を通して聞こうとする「ごん」あるいは「兵十」の「声なき声」は、その「声なき声」に引き止められる自分自身の思いを反映している。なぜなら、物語に書かれていない謎を埋めるのは、他でもない読み手自身の体験や経験であるからである。言い換えれば、学習者は知らず知らずのうちに、「茂平」という「語り手」の謎を通して、自分自身の切実さと向き合うことになる。

学習者たちには、自分の切実な思いに引き寄せられながら、「茂平」や当事者である「ごん」、「兵十」の「声なき声」を聞いてもらいたい。そして、自分にとって最も切実な「声なき声」と向き合い、それを自らの言葉として「語って」もらいたい。

2　単元の目標

本単元の目標は以下の通りである。

・物語の登場人物について、文章中の描写や自分の経験などを根拠にしながら整理し、捉えることができる。
・語り手の視点から物語を捉え、その思いに気づくことができる。
・物語の登場人物の心情について、自分で感じたり考えたりしたことを周りと共有し、多様な見方があることに気づくことができる。

3 単元の展開（全十一～十二時間、各次カッコ内は想定学習時間）

次	言語活動	授業目標
0	**作品の感想を「お手紙」にしてみよう！** ・新美南吉作品を教室に置いて、自由に関心に沿って読めるようにしておく。 ・作品への感想を、「作中人物への手紙」という体裁で、一筆箋形式で書いてもらう。 （単元を通じて並行して行う）	・学習へ向かう態度を形成する。 ・「手紙」という言語活動へのレディネスを形成する。
1	**「ごんぎつね」の読み聞かせを聞いて感想を語り合い、お話を整理しよう！** ・授業者が作品を音読するのを聴く。（全員） ・物語の感想を、付箋にひと言で表現し、シート（模造紙等）に貼って共有し、意見を交換する。（グループ・全体） ・物語の登場人物と、場面の流れを確認する。 ・場面ごとに、物語全体の内容を整理しながら、付箋を場面ごとに貼り直す。（全員）	・作品・単元についての興味・関心を持つ。 ・作品の内容を、自分なりに大掴みに理解する。

	（一時間）	
2	**茂平になって「ごんぎつね」を語ってみよう！** ・第一次の活動でまとめた付箋シートを見て、作品の感想を振り返る。（全員） ・茂平になって、目の前の「わたし」に語り聞かせるつもりで、作品を場面ごとに音読する。（全員・一人ひとり） ・場面ごとに、茂平が語っていたときの気持ちを考え、茂平からの手紙として書いてシートに貼り、共有する。 （グループ→全員） （六〜七時間）	・登場人物や舞台設定、場面の展開について理解する。
3	**茂平がなぜこの話を語ったのかをインタビューしてみよう！** ・「茂平は、はじめてごんと兵十の物語を聞いてどう感じたか?」「どうして他の人にこの話を伝えたいなと思ったのか?」などについて考え、意見交換する。 （グループ） ・グループで話し合った内容を、「茂平へのインタビュー」というシチュエーションで聞き合い、意見を交換する。（ペア・全員）	・語り手の心情について、場面の展開や他の人物との関係を踏まえながら考える。 ・インタビューに思い浮かんだことは自由に質問してよい。

	・「答えに困った質問」をあげてもらい、みんなで考える。（全員） ・「茂平はごんと兵十のどちらに共感していたのか？」について考え、意見を交換する。（全員） （二時間）	
4	**茂平の立場からごんや兵十に手紙を書こう！** ・茂平の立場から、ごんまたは兵十に向けて手紙を書く。（個人） ・手紙を全員で読み合い、共感できるもの・面白いなと思ったものについて意見を交換する。（ペア・全員） （二時間）	・自分の考えを、その根拠とともに形成し、周りの人と交流する。

第〇次……並行読書、「手紙」という言語活動へのレディネスの形成

単元全体の下準備として、まずは、新美南吉作品の並行読書を行いつつ、「手紙を書く」という行為に親しんでもらう。

「ごんぎつね」との出会いを、学習者にとって、新美南吉作品との出会いの機会にもしたい。そのため、「てぶくろを買いに」など、絵本化されている作品を何点か教室に置き、学習者が自由に手に取れるようにしておく。そしてその感想を、「作中人物への手紙」というかたちで書いてもらう。手紙については、一筆箋などで手軽に書けるようにし、模造紙に貼るなどして全員で共有する。

第一次……「聞き手」として物語を楽しむ

第一次では、授業者による作品の範読を聞いてもらう。これには、本作を文字としてではなく「語り」として受け取り、作品の「声」を意識してほしいという意図もある。その際学習者には、読み聞かせを行うように、床に自由に座ってもらうようにする。また、「大事なお話を聞くように、しっかり聞いてね」などの声かけも重要である。

続いて、付箋を使って、物語のひと言感想を全体で共有していく。付箋については、一人一枚ではなく、自由に、思いついただけ書き、貼ってよい。

ひと言感想というスタイルにした理由は二つある。第一に、「文章」より、子どもたちの直観的な感想を表現しやすいと考えたからだ。また第二に、思わずフッと出た言葉は、より「声」に近いからだ。また、「他の人がどう感じたのか」を共有する際には、自分と違う反応に対して反論するのではなく、その面白さを感じ、受け入れるように雰囲気をつくっていきたい。

続いて、作品の登場人物と物語全体の流れを整理しながら、ひと言感想の付箋を、物語の場面ごとのシートに並び替えていく。こうすることで、学習者には、自分のひと言感想がどの場面や描写とつながるのかを振り返ってもらいたい。この段階では、「ごん」「兵十」という中心人物と、場面ごとの出来事が把握できれば十分である。「茂平」や「わたし」といった「語り手」は出てこなくても問題ないし、出てくればそれを尊重し、第二次の活動に生かせばよい。

なお、シートについては、場面ごとだけではなく、「物語全体」のものも用意する。学習者の反応には、場面ごとでは説明しきれないものもきっとあるからである。

第二次……「茂平」から物語を捉える

第二次から、さっそく「茂平」という語り手から物語を捉えていく。

作品の全体像を押さえたところで、学習者に、

「なんでごんって人間の言葉で喋れるんだろうね?」

と揺さぶり発問を行う。もちろん「これが作り話だから」という反応もあるだろうが、学習者の中には、「兵十が語ったから」というような、「語り手」を捉えた考えも現れるだろう。そこで、

「じゃあ、このお話は兵十が自分で話しているのかな?」

と問いかけ、この物語において、実は当事者たちの「声」が塗りつぶされていることに気づいてもらう。ここまできたところで、指導者は冒頭の一文「これは……話です。」に注意を促し、

「これって、茂平が話したことを「わたし」が聞いたんだねえ。」

「じゃあ、茂平はどんな気分でごんと兵十のお話を語ったんだろう。」

と、「茂平」の立場になって、もう一度、物語全体を読み進めていく。

まず、場面を学習者全員で音読させる。第一場面については、冒頭の一文(「これは……聞いた話です。」)を指導者が読み、そのあとから学習者が読むようにする。また、クラスを半分あるいは三つ程度に分け、音読を聞いているグループと、音読するグループとが交代交代になるようにする。

最後に、五人程度の小グループに分かれ、茂平の場面ごとの気持ちについて、第一次で使った場面ごとのシートを使い、付箋を使って整理していく。なお、本次の付箋は、第一次と色を変えたり、貼る場所を別にしたりして、区別できるようにしておく。

第三次……「語り手」の思いをインタビューする

第三次では、茂平の「語り手」としての思いを、「茂平へのインタビュー」という言語活動によって深掘りしていく。インタビューという活動を選んだのは、インタビュアー・インタビュイーと立場を交代しつつ考えていくことで、「聞き手」であり「語り手」である茂平の立場を追体験できると考えたからである。

まず、グループで、

「茂平はごんと兵十の物語を聞いてどう感じたか?」

「茂平はどうして他の人にこの話を伝えたいなと思ったのか?」

などについて考える。

続いて、ペアで「茂平へのインタビュー」という活動を通して、グループワークの結果を共有する。茂平とインタビュアーは交換し、どちらの立場も体験してもらう。また、活動の前には、

「インタビューをしていて新しい質問を思いついたら、どんどん聞いてみましょう。答えが思いつかない、分からない質問があっても、無理に答えなくて大丈夫です。メモしておいて、後でみんなで考えてみましょう」

と声かけをする。

インタビュー活動の結果は、いくつかのペアに内容を再現してもらい、全体に共有する。そして、「答えに困った質問」を学習者にあげてもらい、全員で考える。

最後に、「茂平は、ごんと兵十のどちらに共感していたのか」について、何人かに自分の考えを説明してもらいつつ、全体で意見を交流する。その際には、学習者に、

「茂平が喋っているんだと思って、大切に聴きましょう。いいなと思ったら、メモをして残しておきましょう」

と声かけをし、「聞き手」としての意識を持ってもらえるようにしたい。

第四次……語り手としての自分の思いを語る

第四次として、学習者には、茂平になって、ごん・兵十に手紙を書いてもらう。

学習者自身ではなく、あえて「茂平」の立場になってもらうのには、二つ理由がある。第一に、茂平がどうして、どのように「ごん」と「兵十」の物語を「語り」直したのかを追体験してもらいたいからである。そして第二に、「茂平」を学習者の仮面とすることで、自分の切実な思いと向き合い、発現しやすくなるようにとの配慮からである。

ごん・兵十どちらに対して手紙を書くかは、学習者自身に委ねる。手紙の分量はA４便箋一枚程度を想定しているが、もちろんそれ以上でもよい。学習者の実態によっては一筆箋にするなど、さまざまにやり方は考えられる。全体での共有がしやすいボリューム・形式にするといいだろう。

教室にポストを用意し、書き終わったらそこへ投函してもらう。学習者に、「投函したら返ってこない」という緊張感を味わいつつ、大事に手紙を書いてもらいたいからである。書いた手紙は、冊子などのかたちで全体に共有する。その際、名前は書かずにおくか、もしくは消しておく。そして学習者には、共感できるものやいいなと思ったものについて、意見を交換してもらう。

Ⅲ　最後に

繰り返すように、「ごんぎつね」は「語り」の物語である。そして、「語り手」の思い、そして「語り」によって上書きされてしまった「ごん」や「兵十」自身の「語り」など、さまざまな「声なき声」が、私たちを立ち止まらせずにはいられなくする。

私たちはついつい、「声なき声」を、慌てて自分の言葉に取り込んでしまおうとする。しかしむしろ、私たちはひとまず、その「声なき声」にじっくりと耳を傾ける必要があるのではないか。そんな思いから、この「ごんぎつね」の単元構想は生まれた。学習者たちにどんな「声」が聴こえ、それをどのように自らの「声」として語り直すのか。教室にさまざまな「声」が響き合い、またそれを聞き合う、そんな空間になることを願うばかりである。

註　本稿執筆にあたっては、『校定　新美南吉全集　第三巻』（一九八二、大日本図書）採録の「ごん狐」を底本とし、必要に応じて、筆者の判断で旧仮名遣いなどの表記を改めた。なお、作品名については、教科書等でも馴染みのある「ごんぎつね」を採用している。

宮沢賢治

注文の多い料理店

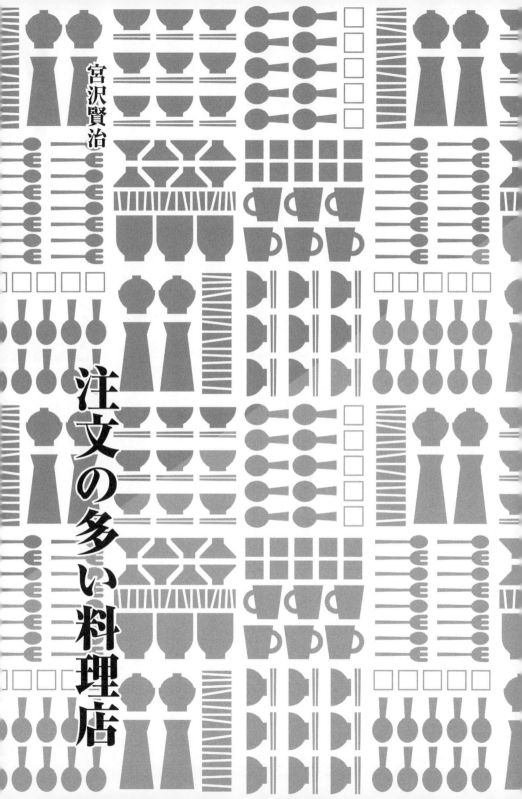

作品研究

背理の輝き・『注文の多い料理店』論

田中　実

はじめに（「序」と「広告ちらし」）

宮沢賢治の童話『注文の多い料理店』は一九二四（大正十三）年十二月刊行の童話集『イーハトブ童話　注文の多い料理店』に収められた九つの童話の中の表題作です。宮沢賢治の代表作の一つであると共に国民的童話と呼ぶにふさわしく、今日まで広く愛読されています。

周知のとおり、この童話集の「序」には、「これらのわたくしのおはなしは、みんな林や野はらや鉄道線路やらで、虹《にじ》や月あかりからもらつてきたのです。」と述べられ、末尾を飾る童話『鹿踊《ししをど》りのはじまり』には、「それから、さうさう、苔《こけ》の野原の夕陽の中で、わたくしはこのはなしをすきとほつた秋の風から聞いたのです。」とあります。賢治はそのお話を自分が創作しながら、「虹《にじ》や月あかり」、あるいは「秋の風」から「もらつた」、「聞いた」と言い、同時に、その肝心なことに関わってでしょう、「なんのことだか、わけのわからないところもあるでせうが、そんなところは、わたくしにもまた、わけがわからないのです。」と率直に伝え、だからいっそう「これらのちひさなものがたりの幾きれかが、おしまひ、あなたのすきとほつたほんたうのたべものになることを、どんなにねがふかわかりません。」と訴えています。確かに童話『注文の多い料理店』においても、後述するように、**難題**を孕んでいます。次の賢治自筆の「広告ちらし」ではこの難題に対して、次のように語っています。

　イーハトヴは一つの地名である。（中略）実にこれは著者の心象中（傍点原文）に、この様な状景をもつて実在した／ドリームランドとしての日本岩手県である。（中略）そこでは、あらゆる事が可能である。人は一瞬にして氷雲の上に飛躍し大循環の風を従へて北に旅する事もあれば、赤い花杯の下を行く蟻《あり》と語ることもできる。／罪や、かなしみでさへそこでは聖《きよ》くきれいにかゞやいてゐる。（中略）これらは決して偽でも仮空《ママ》でも窃盗でもない。（中略）たしかにこの通りその時心象の中に現はれたものである。故にそれは、どんなに馬鹿げてゐても、難解でも必ず心の深部に於《おい》て万人の共通である。卑怯《ひきょう》な成人たちに畢《ひっ》竟《きょう》不可解な丈《だけ》である。

　ここでは賢治は自身の創作童話集『注文の多い料理店』に対し、「そこでは、あらゆる事が可能であ」り、**「罪や、かなしみでさへ」「聖くきれいにかゞや」**き、それが**「どんなに馬鹿げてゐても、難解でも必ず心の深部に於て万人の共通である。」**と高らかに宣言し、激烈と言わざるを得ません。と同時に、何故そこでは「罪や、かなしみ」が「聖《きよ》くきれいにかゞや」き、それが万人に共通すると言えるのか、自然から「もらつた」、「聞いた」と言う以外、特に説明はありません。そのギャップが問題です。賢治文学の**秘鑰**《ひやく》はここに隠れているのではないか、と推測します。ここではこれに取り組みます。

では、賢治童話はこれまでどのように読まれてきたのか。ここでは一例だけですが、以下ご紹介します。

この高名な表題作について、『宮沢賢治全集8』（一九八六・一、ちくま文庫）を編んだ天沢退二郎はその「解説」で、梅原猛の「近代日本文学が生んだ近代西洋文明に対するもっとも鋭い諷刺の書」（「宮沢賢治と諷刺精神」『文学』一九六六・一二）という指摘を紹介し、「しかしこの童話の語りは、単純に「自然」の側、復讐者としての山猫の側に立っているのでもない。」と反論、「《風がどうと吹いてきて、草はざわざわ、木の葉はかさかさ、木はごとんごとんと鳴りました。》というフレーズが、冒頭近くと終り近くとの二度印象深く繰返されるが、特にこの《ごとんごとん》という樹々の音は賢治童話の中でも本篇独特のものであり、陰々として我々人間を突き放す「自然」の哄笑のごとくに怖ろしい。」と解説します。またその後、新潮文庫『注文の多い料理店』（一九九〇・五）の「収録作品について」の解説では、「これは一種そら恐《おそ》ろしい怪談であるが、ほんとうに「怖ろしい」存在というべきは山猫ではなくて、鹿《しか》の姿を見れば「タンタアーン」と散弾銃《さんだんじゅう》をぶっ放すこの「紳士」どもの方であろう。」と捉え、広告ちらしにある「糧《かて》に乏《とぼ》しい村のこどもらが都会文明と放恣《ほうし》な階級に対する止《や》むに止まれない反感です」という賢治の言葉を紹介しています。この作品を繰り返し読んでいくと、「二人の若い紳士」の顔が「紙くずのやう」になる結末の出来事は確かに「「自然」の哄笑のごとくに怖ろしい」し、さらに「紳士」らに対して、「村のこどもらが止《や》むに止まれぬ反感」を持つことに同感するのも尤もなことでしょう。しかし「序」や「広告ちらし」にあることは、そうした「怖ろしさ」や「反感」のレベルでは収まっていません。天沢の指摘することを糾合する「自然」、あるいは大宇宙と言ってもよい、それらとの一体化、超越の時空へと突き抜けていることを賢治は言いたいのです。例えば、『鹿踊《ししをど》りのはじまり』の話を「秋の風」から聞いたことだと言うのならば『注文の多い料理店』の話は誰から聞いたのか、私見を先に言っておけば、それは「二人の若い紳士」の迷い込んだ「だいぶの山奥」ならぬ「専門の猟師」のいる「山奥」、その声を〈語り手〉が聞いたのです。その声を我々〈読み手〉も聞き取るには、作中の語られた出来事（ストーリー）を分析・解釈するに留まるのでは不十分です。表層のストーリーに仕組まれた**〈深層構造〉**に〈読み手〉自身が拉致されることが要求されます。そこでは、〈読み手〉があらかじめ持っている感覚・思考の枠組みが壊れること、これを必須条件と考えます。でなければ、知的に了解し、自身に都合よく造り出す**擬態（ミミクリ）**が生じます。名作を〈読む〉とは読者が内包している現代思想の枠組みとの闘いであると言って言い過ぎではありません。

『注文の多い料理店』の〈ことばの仕組み〉を読み解くためにまずお話の出来事、ストーリーを共に追って読んでいきましょう。その際、**「神は細部に宿る」**と言うように、「細部」が全体の構成とどう関わっているかを注意深く見ていきましょう。

I　『注文の多い料理店』の叙述＝〈語り〉

1　物語の冒頭／「だいぶの山奥」という領域

冒頭、「二人の若い紳士」は「ぴかぴかする鉄砲をかついで、白熊《しろくま》のような犬を二疋《ひき》つれて、だいぶ山奥」に狩猟に来ています。ところが奇妙なことに、「鳥や獣」が一匹もいません。そこで「紳士」の一人が「なんでも構はないから、早くタンタアーンと、やつて見たいもんだなあ。」と言うと、もう一人も「鹿《しか》の黄いろな横つ腹なんぞに、二三発お見舞まうしたら、ずゐぶん痛快だらうねえ。くる〳〵まはつて、それからどたつと倒れるだらうねえ。」と応じます。まさに二人にとって狩猟とは生き物を自分で殺し、その死に様を楽しむ娯楽なのです。生活の糧《かて》とは何ら関係ありません。それをさらに示しているのが二人の服装です。狩猟には場違いの「すつかりイギリスの兵隊のかたち」をしています。生身の殺し合いを強いる「兵隊のかたち」をしていることが彼らに甚だしく不似合いであるのみならず、生き物を殺すことを趣味にしていることを皮肉な形で露出させています。これに反し、二人を案内してきた「専門の鉄砲打ち」の服装には〈語り手〉は何も触れていません。それは猟師としてごく当たり前の「かたち」をしているからです。その「専門の鉄砲打ちも、ちよつとまごついて、どこかへ行つてしま」い、連れていた「白熊のやうな犬」も何故か突然二疋いっしょに目を回し、「泡を吐いて死んでしま」います。そこで一人がその犬の瞼を開いて死を確かめ、直ちに「じつにぼくは、二千四百円の損害だ」と言い、もう一人も「ぼくは二千八百円の損害だ。」とそれぞれのお金の「損害」を言い立てます。何故二疋の大型犬が突然死ぬのか、その命にかかわる原因・理由は問題にしません。金額だけに関心を示しています。彼らが何者であるかを〈語り手〉は露わにリスナー〈その背後の我々〈読み手〉〉に示しています。その後、獲物はいないし、猟師と猟犬もいないのですから、このままでは手ぶらで東京に帰るしかありません。そこで一人が「宿屋で、山鳥を拾円も買つて帰ればいゝ。」と言い、もう一人も、「兎《うさぎ》もでてゐたねえ。さうすれば結局おんなじこつた。」と同調します。このように二人の意見・感想が共有されていることも、物語が進むにつれ一層明らかになります。彼らは結末までそれぞれ個人としての固有性を持った人物としてわずか程でも語られていません。キャラクターとしてしか語られていないのです。この都会から来た「イギリスの兵隊のかたち」をした「二人の若い紳士」を「専門の鉄砲打ち」が踏み込めない、連れていた犬たちも同時に唐突に死んでしまう「だいぶの山奥」に配し、〈語り手〉はこれから何を語ろうとしているのでしょうか。

2 山猫軒の七つの扉

「二人の若い紳士」が迷い込んだこの「だいぶの山奥」で二疋の犬が即死、そこに「風がどうと吹いてきて、草はざわざわ、木の葉はかさかさ、木はごとんごとんと鳴」ります。天地を揺さぶるような擬音、これが異空間に入り込む際の〈語り手〉からリスナーへの合図です。しかし、もちろん作中の二人はこれを特段意識しません。彼らが意識するのは自分たちの空腹状態のこと、「その時ふとうしろを見ますと」、ことさら「立派な一軒の西洋造りの家」、「西洋料理店・山猫軒」、これが絶妙のタイミングで現れます。玄関の**第一の扉の表**の金文字「どなたもどうかお入りください。決してご遠慮はありません」に、二人は「たゞでご馳走《ちそう》するんだぜ。」と反応、その**扉の裏側**には同じく金文字で、「ことに肥《ふと》ったお方や若い方は、大歓迎いたします」とあって、自分たちにぴったりと、「もう大よろこび」です。そこにすかさず**第二の扉**、**表**には「当軒は注文の多い料理店ですからどうかそこはご承知ください」、**裏**には「注文はずゐぶん多いでせうがどうか一々こらへて下さい。」と畳みかけられています。**第二の扉**は、「お客さまがた、こゝで髪をきちんとして、それからはきものの泥を落してください。」とあり、傍らには鏡と長い柄のついたブラシが置かれています。二人はこれを「作法の厳しい家《うち》だ。きつとよほど偉い人たちが、たびたび来るんだ。」と解し、「偉い人」に認められたい欲望を顕在化させます。このように扉の表と裏の文言は、二人の心の中に隠れた欲望を露わに引き出す巧妙な**〈仕掛け〉**なのです。そこに異様なことが起こります。ブラシを板の上に置くと、「ぼうつとかすんで無くなつて、風がどうつと室の中に入」り込むのです。これはこのレストランの店主の仕掛けではありません。〈語り手〉がこの「だいぶの山奥」の西洋料理店「山猫軒」の正体を先にほの見せ、サスペンスをそそっているのです。二人はブラシが消えたことにびっくりはするものの、逆にそれを弾みに「早く何か暖いものでもたべて、元気をつけて置」こうと、**第三の扉**を開けます。その**裏側**には、「鉄砲と弾丸《たま》をこゝへ置いてください。」と提示され、二人はあっさりと「ぴか〳〵する鉄砲」を手放します。鉄砲は二人にとってもともと自分の命を護り生き抜くための武器ではなく、単なる遊び道具にすぎないことが示唆されています。その後、**第四の扉**、「どうか帽子と外套《ぐわいたう》と靴をおとり下さい。」とレストランで「靴」まで脱がせる逸脱行為に踏み込まれているのに、二人は「仕方ない、とらう。たしかによつぽどえらいひとなんだ。奥に来てゐるのは」と世俗の出世欲が勝って、不審に思いません。その**裏側**の扉の「ネクタイピン、カフスボタン、眼鏡《めがね》、財布、その他金物類、ことに尖《とが》つたものは、みんなこゝに置いてください」との異様な注文にも疑うことを知らず、自身の欲望の充足だけに目が向いて、「財布」を含め、もはや身ぐるみ剥《は》がされ、気づきません。ついに**第五の扉**、「壺のなかのクリームを顔や手足にすつかり塗つてください。」と、奇妙・奇抜を超えたあり得ない注文をされますが、これも「どうも奥には、よほどえらいひとがきてゐる。こんなとこで、案外ぼくらは、貴族とちかづきになるかも知れないよ。」と都合よく解釈し、さらに自分たちの欲望が引き出されています。そこに**六番目の扉**です。「すぐたべられます。／早くあなたの頭に瓶《びん》の中の香水をよく振りかけてください。」とあり、**裏**には「いろいろ注文が多くてうるさかつたでせう。お気の毒でした。もうこれだけです。どうかからだの中に、壺《つぼ》の中の塩をたくさんよくもみ込んでください。」とあって、ここでようやく料理され、食べられるのは自分たちだと気づきます。**七番目の扉**は、その通り、「さあさあおなかにおはひりください。」とストレート、二人の体は凍りつきます。二人は自分たちの欲望にそのまま従った結果、逆に自分たちが食べられることになるのです。

3　三者の軋《きし》み合うところ／山猫軒の消失

ここで場面は変わります。

これまでのところは全て「二人の若い紳士」を視点人物にして、彼らの無意識の闇の中の欲望があからさまになるプロセスが語られてきましたが、ここから「このだいぶの山奥」の住人、山猫の子分たちが視点人物となります。

子分たちは都会の若者二人が罠に気づいたことについて、「親分の書きやうがまづいんだ。あすこへ、いろいろ注文が多くてうるさかつたでせう、お気の毒でしたなんて、間抜けたことを書いたもんだ。」と、的確に親分の失策を指摘しますが、もう一方では、彼らが食べられることを直接伝えて恐怖をあおって二人を動けなくさせます。その間抜けぶりは親分に負けていません。そのためせっかくの大仕掛けで鉄砲を手放させても、親分は太った若者を口にすることができないままです。

一方、「二人の若い紳士」の方はこれまでさんざん肉食してきただけでなく、生き物を自分で直接殺して苦しむ様を見る喜びを味わっておきながら、自分の番になると、震えて声も出ない恐怖に怯えます。「あんまり心を痛めたために、顔がまるでくしやくしやの紙屑《かみくづ》のやうになり、お互にその顔を見合せ、ぶるぶるふるへ、声もなく泣きま」す。それは「二人は泣いて泣いて泣いて泣いて泣きました。」と語られ、事態はここで膠着します。〈語り手〉は両者をギリギリ追い込みました。そこに突然、先刻死んだ「白熊のやうな犬」二疋が登場、山猫たちに襲いかかります。と思う間もなく、山猫軒も山猫たちも一瞬にして「けむりのやうに消え」たのです。何故でしょう。死んだはずの「白熊のやうな犬」たちが飛び込んで来て、この「だいぶの山奥」の出来事が一瞬にして消えてしまうのは。それはここが最初から、**山猫たちと彼らに見透かされていた「二人の若い紳士」の双方によって作り出された「対幻想《ついげんそう》」の虚構空間だったからです。**その幻想空間では死んだ「白熊のやうな犬」たちも、幻想の外ではごく当たり前に生きていて、空間を異にしていたのです。「対幻想」の空間とその外の「山奥」の空間、両者がクロスすると、「対幻想」の空間は消滅、もともと地上には存在していませんでした。気づけば二人とも裸で「草の中に立つてゐ」て、上着や靴や財布やネクタイピンはあちこちの枝にぶら下がっています。そこに〈語り手〉からリスナーへの合図、またも先刻の「風がどうと吹いてきて」、草や木の葉が鳴ります。「山奥」のまともな住民「専門の猟師」もやって来ます。二人の姿はいかにも象徴的、彼らは言わば丸裸にさせられ、「専門の鉄砲打ち」の前に現れたのです。二人はやっと宿に戻り、山鳥を十円だけ買って東京に帰ります。しかし、食べようとして逆に食べられる側に立つという恐怖の極致の体験は身体に刻み付けられ、「くしやくしやの紙屑《かみくづ》のやう」になった「二人の顔だけは、東京に帰つても、お湯にはひつても、もうもとのとほりになほりませんでした。」とお話は終わります。二人は襲ってくる恐怖の直接の相手からは逃げ延び、もう食べられる恐れはないにもかかわらず、何故かその恐怖の記憶は凍結したままなのです。

Ⅱ 〈語り手〉の戦略

ここまでは細部に注目し、語られた出来事、ストーリーを追ってきました。ここからは前述した**〈語りの仕組み・仕掛け〉の扉を開いて〈作品の意志〉**を読み取っていきましょう。

そもそも「専門の鉄砲打ち」は「だいぶ」ではない、文字通りの自然の「山奥」で鉄砲を撃って生き物の命を奪うことで生活を成り立たせています。〈語り手〉が「専門の」という修飾語をわざわざ付けて呼ぶ所以は、東京から来た「イギリスの兵隊のかたち」をした「二人の若い紳士」と峻別する必要があるからです。直接獲物と命のやり取りをして生きる猟師にとって獲物は生活の糧ですが、その殺し殺される行為を隠蔽するのが貨幣・金銭です。貨幣は自分が他の生き物を殺さなくとも、商品としてこれを手に入れることを可能にさせる文明の所産、これが人類に大きな集団である社会組織、都市・国家・帝国を形成させてきました。〈語り手〉は「山奥」と東京のコントラストの中、物語の冒頭、「だいぶの山奥」を登場させました。多分誤解されてきたと思いますが、この「だいぶの山奥」は自然ではありません。前述したように山猫と「二人の若い紳士」との「対幻想」による虚構空間です。『注文の多い料理店』を伝統的に都会の紳士と自然の山猫との対立と捉えてきた図式の残滓とははっきり決別しましょう。山猫たちは都会と対立する意味での自然の生き物とは何ら関わりありません。

山猫は二人の都会の若者の無意識を見透かし、裏表のある二重言語を使って二人を餌食にしようという、一見狡知《こうち》に長《た》けた罠を仕掛ける都会の側の生き物です。ところが山猫は鉄砲をはじめ、身ぐるみ剥ぎながら、最後の詰め、肝心の二人の若者たちの方から自分でお腹に入って来る手立てを持ち得ず、周到に用意したはずの大仕掛けの罠も全て台無しにする「間抜け」でした。子分たちの指摘通りですが、これを指摘する子分たちも「間抜け」では負けていません。彼らの愚かしい姿は、まさしく「二人の若い紳士」の裏返しの姿そのものです。二人の若者も山猫たちも体を張って血を流して闘うことを知りません。**山猫たちはいわば二人の無意識を擬人化した影（シャドウ）だったのです。**

「だいぶの山奥」の西洋料理店、そこは生き物を殺すことを娯楽とし、趣味とする「二人の若い紳士」と山猫たちとの「対幻想」の空間であり、両者の無意識の欲望が露わになるところでした。「二人の若い紳士」と山猫たちとが膠着状態に陥ったそのとき、「白熊のような犬」が飛び込んできて、彼らの無意識領域の「対幻想」は破綻します。二人は「泣いて泣いて泣いて泣いて」、泣き切れない恐怖と痛みが東京に戻ってもお湯に入ってもいささかも消えず、くしゃくしゃとなった顔は元に戻らない、物語は確かに「自然」から復讐を受けるという前掲天沢退二郎の説通りに終わっているかに見え、**実はここから『注文の多い料理店』の深層の物語の扉が開きます。**

Ⅲ　深層の物語の始まり

食べようとして入ったレストランで、実は食べられるのは自分たちのほうでした。怯え切って東京に戻った「二人の若い紳士」は、もうその恐怖から逃れられません。これまで二人を支えていた無意識領域を含めた主体、その自我や自己も解体せざるを得ません。それでも二人は生きていかなければなりません。自分で自分が支えられない、そうなると、救いの道は自身の文字通りの**外部**に求めざるを得ません。〈語り手〉はこれを待っていました。いや、ここに追い込むために冒頭からこの物語を周到に語っていたのです。

生き物を殺してその命を商売の道具、商品にして売る、それによって、文明社会に生きる我々は命のやり取りの現場を直接目にすることなく、本来生きるとはいかなることか、生命の在り方が見失われています。端的に言えば、都市にあっては**貨幣が生き物の死と生の在り方**を隠しているのです。「二人の若い紳士」はこの貨幣によって固有の人間性をその意識の表層で剥奪された傀儡《かいらい》、貨幣経済の都市の産物です。自身の無意識の場、山猫との「対幻想」の場で、彼らがこれまでとは逆に相手から楽しまれながら殺される立場に立ったことによって、初めて自分たち生き物の生の在り方を全身で体得させられたのです。ここに至って、「二人の若い紳士」は「だいぶの山奥」の奥、言わば無意識領域のその**外部**と出会うことになります。この外部、〈向こう〉なる時空は「専門の鉄砲打ち」や「白熊のやうな犬」の生きている「山奥」、ここは彼らが獲物と死闘する、生と死の交換の場、それを大自然・大宇宙が包括しています。鳥や獣を楽しみで殺して来た二人が今度は自分たちが食べられる側に立つことで、この「自然」の宿命、生命の原理・原則の場に初めて直面した、そのときの恐怖が「紙くづのやう」な顔です。**そこに、彼ら二人の意識の底の無意識のその外部、大自然・大宇宙から光が射し、その「紙くづのやう」なくしゃくしゃの顔のまま、救い上げられるのです。大自然・大宇宙とはこうした生と死の交換・循環の場なのですから。**

そもそも彼らに罪の意識はありませんでした[1]。救い上げられた途端、己のなしてきたことを罪業として受け止めることができ、罪業と共にある生の尊さが燦然と輝くのです。**悪人が救われる逆説、パラドックスはここにあります**（筆者の個人的な関心、親鸞の浄土真宗なら悪人正機説はここに当たります[2]）。ここに至って〈語り手の自己表出〉、物語の深層が〈読み手〉にも明らかになります。

終わりに　背理の輝き―「序」と「広告ちらし」―

ここでようやく本稿の「はじめに」で触れた宮沢賢治の「序」と「広告ちらし」に直接応《こた》えるところまで来ました。

賢治は「序」で「これらのわたくしのおはなしは、みんな林や野はらや鉄道線路やらで、虹《にじ》や月あかりからもらつてきたのです。（中略）なんのことだか、わけのわからないところもあるでせうが、そんなところは、わたくしにもまた、わけがわからないのです。」と言います。これらの物語を賢治自身が頭で拵えたものではなく、大自然から「もらつてきた」ものであるため、「わけがわからない」

ところもあって当然、すなわち、自身の意識を超えているのは当然だと言うわけです。大自然・大宇宙と一体化して、これらの物語を書いていると自覚しているのです。

「広告ちらし」では「そこ（引用者注：イーハトヴ）では、あらゆる事が可能である。（中略）罪や、かなしみでさへそこでは聖《きよ》くきれいにかゞやいてゐる。（中略）これらは決して偽でも仮空《ママ》でも窃盗でもない。／（中略）たしかにこの通りその時心象の中に現はれたものである。故にそれは、どんなに馬鹿げてゐても、難解でも必ず心の深部に於《おい》て万人の共通である。卑怯《ひきょう》な成人たちに畢竟《ひっきょう》不可解な丈《だけ》である。」と言います。「罪や、かなしみでさへそこでは聖《きよ》くきれいにかゞや」くのは何故か、既に述べてきたことですが、『注文の多い料理店』では次のように表現しています。相手を殺すことでこちらが生きる、殺されることで相手が生きる、この「自然」の掟、生命の原理・原則を身をもって知らされた「二人の若い紳士」は、その究極の恐怖におびえて内面が壊れます。そこに至り着くと、もはや文明の外、無意識領域の外部に救いを求めざるを得ません。ここはもう少し丁寧に言いましょう。**この無意識領域の外部とは心理学の泰斗たち、ユングなら「集合的無意識」、アドラーなら「共同体感覚」**と呼ぶ、そうした領域ではありません。**そうした領域のさらに外部を一旦潜り抜けているのです**[3]。この生と死の交換の場、大自然・大宇宙が奇跡を起こし、二人に光が当たります。**まさに「罪や、かなしみでさへそこでは聖《きよ》くきれいにかゞや」くのです。賢治が「難解でも必ず心の深部に於《おい》て万人の共通である。」と言うのは、これが大自然・大宇宙の生命の原理・原則に則って普遍性を持つものだと主張しているのです。こうしたことはこれまでの賢治文学の読者・研究者には理解されてきませんでした。**

二〇〇一年、アメリカはニューヨーク、ツインタワービル爆破の同時多発テロで、世界は改めて、神々の闘いに直面させせられました。現在、我々はロシアによるウクライナ侵攻によって日々、爆撃の報道を目にしています。宮沢賢治の『農民芸術概論綱要』（一九二六）「序論」で言う、「世界がぜんたい幸福にならないうちは個人の幸福はあり得ない」という言葉が強く響きます。この言葉は『注文の多い料理店』の物語の深層に筆者を誘います。「紙くづのやう」な顔の二人には「だいぶ」ならぬ「山奥」の声が響き、「私」ならざる「私」の外部を呼び込むのです。この扉を開けて〈語り手〉は『注文の多い料理店』の物語を閉じます。「世界がぜんたい幸福にな」るためには、**大自然・大宇宙の生命の原理・原則**、一人ひとりが自身の生命の原理に立ち向かうこと、ここに『注文の多い料理店』の〈語り〉は向かっています。

付記　本文の引用は『宮沢賢治全集8』（一九八六・一、ちくま文庫）に拠ります。

本稿は拙稿「「すきとほつたほんとうのたべもの」を「あなた」へ──宮沢賢治『どんぐりと山猫』の深層批評──」（『日本文学』二〇一〇・二）の続稿に当たり、拙稿「『なめとこ山の熊』の行方──互いに先に死のうとする熊と小十郎──」（「都留文科大学リポジトリ」に掲載、二〇二一・六）を基本的に下敷きにしています。「なめとこ山」は町と対立して生死一如、熊と小十郎の殺し合いこそ大自然・大宇宙の摂理を体現しています。熊殺しの名人淵沢小十郎が熊に殺されながら、熊に感謝し、その亡骸に熊たちが鎮魂の儀式を三日三晩続け、大宇宙がこれを包み込む話、『注文の多い料理店』の「専門の鉄砲打ち」や「白熊のやうな犬」もここに生きています。

註

(1) 原罪(オリジナルシン)を抱えるキリスト教文化圏とは異なり、日本の精神風土では、二人が大自然・大宇宙から救い上げられて後、初めて罪業を感じ取るのです。

(2) 松岡幹夫著『宮沢賢治と法華経　日蓮と親鸞の狭間で』(二〇一五・三、昌平黌出版社)には、その「序文」に「『法華経』の信仰に生きた賢治は、結局、「此岸性」の作家にはなれなかった。むしろ、「彼岸性」の文学を創造し、日蓮よりも親鸞の思想に親和的な作品を多く残している。」との鋭利な指摘があります。筆者もこれを支持します。因みに拙稿「『出家とその弟子』と念仏思想」(『国文学　解釈と鑑賞』(一九九〇・一二)では清澤滿之を取り上げましたが、賢治の父の信奉した暁烏敏の師が清澤滿之であり、清澤滿之の絶筆『我信念』(『精神界』第3巻第6号　一九〇三・六)には、「私は善悪邪正の何たるを弁ずるの必要はない。何事でも、私は只自分の気の向ふ所、心の欲する所に順従ふて之を行ふて差支はない。其行ひが過失であらうと罪悪であらうと、少しも懸念することは入らない。如来は私の一切の行為に就て責任を負ふて下さるゝことである。」とあります。賢治の心境はここに通じています。

(3) ここでいう「外部」は本書所収の総論「「読むこと」の原理と「「良き小説」の絶対的な基準」」で述べている村上春樹の「地下二階」にあたります。『注文の多い料理店』の〈作品の意志〉を読み取るには、「だいぶの山奥」ならぬ「山奥」の声が人間を含めた生き物たちの領域を超える大宇宙の声であることを掴むことが鍵です。

授業構想

「注文の多い料理店」の授業構想

須貝千里

Ⅰ　「注文の多い料理店」でつけるべき力（学習目標）

教育の目的（人間性等）〈価値目標〉

○（自己や世界、他者を）問い続ける。

単元（題材）目標

(1)　「学びに向かう力」〈態度目標〉

○〈語り手〉が「紙くづのよう」な「顔」になってしまった「二人の若い紳士」によって提起している問題に向き合う。

(2)　「知識及び技能」

○反復したり、照応したりしている語句に注目し、その効果について考える。

(3) **「読むこと」の「思考力、判断力、表現力等」A・B**

A 「二人の若い紳士」と「山猫」たちの生きている世界の共通点を捉え、そのことによって照らし出される問題について捉える。

B 「二人の若い紳士」と「専門の鉄砲打ち」（専門の猟師）、「白熊のような犬」の生きている世界の違いについて考える。

Ⅱ 「注文の多い料理店」の単元提案

第一次 〈作品を読み、〈謎〉に〉出会う

1 作品を音読して、〈あらすじ〉を把握し、〈不思議なこと〉を抜き書きし、交流しましょう（「読むこと」の「思考力、判断力、表現力等」A・Bの学習の前提。この学習の中での〈謎〉の相互確認は、「学びに向かう力」に関わる学習）。

(1) 先生の作品音読を聴きましょう（あるいは、自分で作品を音読してみましょう）。

(2) 〈不思議なこと〉を書き出し、交流しましょう（〈困った質問〉から「単元」が始まります）。

(3) 〈あらすじ〉をまとめましょう。

第二次 〈作品に対する〈読み〉を〉深める

2 照応したり、反復したりしている語句を書き出して、どのような事態がそうした表現から現れ出てくるのか、考えましょう（この〈謎〉の探究は、「知識及び技能」の学習）。

照応と反復

照応としては、人のあふれる、金銭によって成り立っている〈都市〉、〈国家〉の中心地である「東京」（「二人の若い紳士」）と「鳥や獣」が一匹もいない「だいぶの山奥」（「山猫軒」）の照応が基軸です。通常の日常の「客観的現実」空間の外部が「東京」（「二人の若い紳士」）と「だいぶの山奥」（「山猫軒」）です。そのうえで、「東京」の「二人の若い紳士」と「東京」から連れてこられた「二疋」の「白熊のような犬」の対応、「だいぶの山奥」（「山猫軒」）と「山奥」（「専門の鉄砲打ち」（「専門の猟師」））の対応が問題になっていきます。「東京」の「二人の若い紳士」と「東京」から連れてこられた「二疋」の「白熊のような犬」の対応は「二人の若い紳士」にとっての「犬」の金銭的な価値と「二疋」の「白熊のような犬」の命としての価値の対置です。「だいぶの山奥」（「山猫軒」）と「山奥」（「専門の鉄砲打ち」（「専門の猟師」））の対応は「山猫」たちの生きるための方法と「専門の鉄砲打ち」（専門の猟師）の生きるための方法の対置です。「山猫」は「食べる・食べられ、殺し・殺される食物連鎖の生き物の宿命の闘争を回避して、生き物の命を蔑ろにしてい」ます。「山猫」は「二人の若い紳士」に通じています。「専門の鉄砲打ち」（専門の猟師）は「生きていくために他の生き物を殺し・殺される、殺戮を必須とする生の場にい」ます。「専門の鉄砲打ち」（専門の猟師）は「白熊のような犬」の生き物としての命の価値に通じています。このように事態を外部の中に外部が仕込まれている〈二つの外部〉として把握することができます。この事態の中で、「二人の若い紳士」

をめぐる問題が問われているのです。「すっかりイギリスの兵隊のかたち」と「蓑帽子」、「二人の若い紳士」の「痛快」さと「専門の鉄砲打ち」「専門の猟師」の仕事、「専門の鉄砲打ち」と「専門の猟師」、「白熊のような犬」が死んで、「あの白熊のような犬」が生き返った、「二千四百円の損害だ」と「二千八百円の損害だ」、「拾円も」と「十円だけ」、「十円だけ」と「顔だけ」、「風がどうと吹いてきて」「山猫軒」が現われたことと「風がどうと吹いてきて」「山猫軒」が消えたこと、「その時後ろを見ますと」と「そのときうしろから」、「サラド」「フライ」と「団子」、「犬ども」と「犬」、「紙くづのようになった二人の顔」と「もとの」顔などの対応を問題にすることもできます。こうした対応にも、〈語り手〉による通常の日常の「客観的現実」空間からの逸脱を前提にしての照応という事態を見出すことができます。

反復としては、「扉」の反復、「二人の若い紳士」の「二人」「若い」「紳士」それぞれの反復、「二疋」の「白熊のような犬」の「二疋」、「白熊のような犬」のそれぞれの反復、「二匹」の「山猫」の「子分」の「二匹」、「山猫」のそれぞれの反復、「風」の反復、「見ると」の反復などが語られています。「扉」の反復は表裏と「扉」から「扉」へというように二重になっています。「二人」の反復も言葉のやりとりと、やりとりからやりとりへというように二重になっています。こうした対応にも、〈語り手〉による通常の日常の「客観的現実」空間からの逸脱を前提にしての反復という事態を見出すことができます。

3　不思議な出来事がいつ始まり、いつ終わっているのか、考えましょう〈この〈謎〉の探究は、

「読むこと」の「思考力、判断力、表現力等」A・Bの学習)。

①「専門の鉄砲打ち」が消えてしまうところから始まり、「専門の猟師」がやってくる直前で終わっている。

②二疋の「白熊のような犬」が死んでしまうところから始まり、「そのときうしろからいきなり、(中略)あの白熊のような犬」が生き返って現れる直前で終わっている。

③「風がどうと吹いて」くるところから始まり、「風がどうと吹いて」くる直前で終わっている。

④「その時ふとうしろを見ますと、立派な一軒の西洋造りの家があ」るというところで始まり、「室」が「けむりのように消え」る直前で終わっている。

こうした答えを想定することができますが、授業は混乱した事態の中に追い込まれていくでしょう。しかし、学習者にとって、こうした事態に直面させられていくことは意味のないことではありません。〈不思議なこと〉は世界がパラレルワールドであることに関わった事態だからです。

⑤「二人の若い紳士が、すっかりイギリスの兵隊のかたちをして、ぴかぴかする鉄砲をかついで、白熊のような犬を二疋つれて、だいぶ山奥の、木の葉のかさかさしたとこを、こんなことを云いながら、あるいて」いるところですでに始まっており、「一ぺん紙くずのようになった二人の顔だけは、東京に帰っても、お湯にはいっても、もうもとのとおりにはなお」らないというところでも終わっていない。

⑤の答えは、〈不思議なこと〉は「二人の若い紳士」が、狩猟服なのに「すっかりイギリスの兵隊のかたち」をしていること、「東京」に戻っても「紙くずのようになった二人の顔」が元に戻らない

こと、〈語り手〉によって語られているこうした出来事がそもそも〈不思議なこと〉であるということを前提にしています。このように「注文の多い料理店」の時間・空間・人間《ジンカン》の構造を捉えることによって、「二人の若い紳士」が批評の対象として焦点化されていきます。「だいぶの山奥」から「専門の鉄砲打ち」(専門の猟師)「白熊のような犬」は排除されており、そこには姿を現すことができません。「二人の若い紳士」の「だいぶの山奥」(「山猫軒」)での恐怖の痕跡は「東京」に戻っても消え去ることはありません。「さっき一ぺん紙くづのようになった二人の顔」は、「東京に帰っても、お湯にはいっても、もうもとのとおりにはなお」りません。

〈語り手〉は、通常の日常の「客観的現実」空間の外部ということを前提にして、「二人の若い紳士」「山猫」たちの世界と「専門の鉄砲打ち」(専門の猟師)「白熊のような犬」の世界の、二つの世界を俯瞰する地点から語っています。二つの世界は場面分けとして区分することはできません。場面分けは、通常の日常の「客観的現実」空間という世界観には対応してなされている限りにおいて、その外部に開かれて語られている事態に振り回されてしまいます。

4 「山猫軒」が現れ、消滅するまでに焦点化して、「山猫軒」という「札」、扉の言葉と登場人物の会話を抜き書きし、事態の推移と対応からどのようなことが分かるのか、考えましょう(この〈謎〉の探究は、「読むこと」の「思考力、判断力、表現力等」Aの学習)。

(1) 「山猫軒」での事態の推移と対応を整理しましょう。

(2)「山猫軒」という「札」、「扉」の言葉と〈登場人物〉の会話を抜き書きし、推移と対応を表にまとめ、語られ方の特徴を考えましょう。

「札」の文字、「扉」及びその表裏の言葉、〈登場人物〉の会話に注目し、さらに、色彩表現の変化、扉及びその表裏の言葉をめぐっての、「二人の若い紳士」と「山猫」たちの受け止め方のズレなどに注目します。〈語り手〉によって、「二人の若い紳士」と「二匹」の「山猫」の子分の欲望のあり方が「対幻想」「共同幻想」として、「合わせ鏡」として仕掛けられていることが分かります。「おなか」は「山猫」の「親分」の「お腹」であり、西洋料理店「山猫軒」の部屋の「中」でもあります。通常の日常の「客観的現実」空間の外部の出来事として語られています。「二人の若い紳士」と「山猫」たちの愚かさが現れ出てきます（しかし、この愚かさは他人事ではありません。この躊躇が大事）。

5 〈語り手〉によって、〈登場人物〉はどのように語られているのか、また、そのことの意味について考えましょう（この〈謎〉の探究は、「読むこと」の「思考力、判断力、表現力等」A・Bの学習）。

「注文の多い料理店」の〈語り手〉は〈登場人物〉としての〈語り手〉ではありません。機能として問題にされる対象です。〈登場人物〉である「二人の若い紳士」「山猫」たち（「親分」と「二匹」の「子分」）と「専門の鉄砲打ち」（専門の猟師）「二疋の白熊のような犬」に区分して問題にすることができます。〈語り手〉は、これらの〈登場人物〉を通常の日常の「客観的現実」空間の外部に配置し、メタファーとして語っています。

①　「二人の若い紳士」はどのような人物か、考えましょう。

〈語り手〉によって、「二人の若い紳士」は基本的に〈視点人物〉として語られています。「東京」からやって来た「二人の若い紳士」は、「だいぶの山奥」を「すっかりイギリスの兵隊のかたち」をし、「ぴかぴかする鉄砲をかついで、白熊のような犬を二疋つれて」歩いています。狩猟にはふさわしくない格好をしています。「ぜんたい、ここらの山は怪しからんね。鳥も獣も一疋も居やがらん。何でも構わないから、早くタンタアーンと、やってみたいもんだなあ」、「鹿の黄いろな横っ腹なんぞに、二三発お見舞もうしたら、ずいぶん痛快だろうね。くるくるまわって、それからどったと倒れるだろうねえ」と言い合いながらです。二人は「白熊のような犬」が二疋とも死んでしまったとき、「じつにぼくは、二千四百円の損害だ」、「ぼくは二千八百円の損害だ」と言い合っています。安全な所にいて、食べる・食べられる、殺す・殺されるリスクを取らない人物です。「山猫軒」での出来事を自分に都合よく解釈しようとしています。自らの欲望を絶対化しています。そうであるから、「山猫軒」が出現したのです。それだけではありません。「二人の若い紳士」は、常にお互いに同調的な言葉のやりとりをし、補い合っています。それぞれが個性をもった人物ではないのです。

こうしたことから分かることは、彼らの「すっかりイギリスの兵隊のかたち」が狩猟にとってふさわしくない格好であり、「彼らは生きるために食べる・食べられるという生の根源的なリスクを取らないで済むところ」にいる人物として形象されており、「人類が作り出した貨幣制度の本質とは何かを象徴し、都市を象徴する人物」であるということです。「二人は生き物の死を即金銭の代価とし、命に対する尊厳を微塵も持ち合わせて」いません。「固有の人間性を付与されていない傀儡、貨幣経済のシンボル」として語られているのです。

「だいぶの山奥」で「二人の若い紳士」が道に迷ってしまった事態は自らの欲望の傲慢さと凶暴さに自らが襲われてしまった事態です。「二人の若い紳士」の「東京」と「山猫」たちの現れる「だいぶの山奥」が一つの世界に重なっていきます。殺す側の者が殺される者になってしまう事態の中で、死んでしまった「白熊のような犬」が「犬ども」から「犬」へと変貌して生き返り、消えてしまった「専門の鉄砲打ち」が「専門の猟師」として、再び現れ出てきました。しかし、このことが、単に「東京」に戻ることであるならば、「だいぶの山奥」(「山猫軒」)から抜け出したことにはなりません。「二人の若い紳士」が直面させられたのはこうした事態でした。二人の「紙くづのようにな」った「顔」は「東京」に戻っても「もうもとのとおりになおりません」でした。このことは二人が「山奥」(「専門の鉄砲打ち」(専門の猟師))の命の価値の世界とともに生きていくことに反転していきます。これが〈語り手〉の「紙くづのようにな」った「顔」に対する意味づけです。

②「山猫」たち(親分と子分)はどのような人物か、考えましょう。

〈語り手〉によって、「山猫」たちは基本的に〈対象人物〉として語られています。

ただし、七つ目の扉の前では「山猫」の「子分」たちの会話が語られており、「山猫」の「子分」

たちは〈視点人物〉に転換させられています。（七つ目の）「戸の中」からは、「二人の若い紳士」に、こんな「山猫」の「子分」たちの話し声が聴こえてきます。「山猫」の「子分」たちの会話から分かることは、「山猫」たち（「親分」と「子分」たち）が「だいぶの山奥」（「山猫軒」）に属しているることです。「だいぶの山奥」の住人の「山猫」たちは「都会と対立する意味での自然の生き物とは何ら関わりがありません。山猫は紛れ込んだ二人の都会の若者の意識の内奥を見透かし、裏表のある二重の言語を使って二人を餌食にしようとする都会の側の生き物、二人の紳士と同様、殺される恐怖の極致を知らない」のです。「山猫」たちと「二人の若い紳士」は、このように「合わせ鏡」の存在です。

③「専門の鉄砲打ち」（専門の猟師）と「白熊のような犬」はどのような人物か、考えましょう。

〈語り手〉によって、「二疋」の「白熊のような犬」も「専門の鉄砲打ち」（専門の猟師）も〈対象人物〉として語られています。「二人の若い紳士」によって、「東京」から連れてこられた「白熊のような犬」と「山奥」の「専門の鉄砲打ち」（専門の猟師）は金銭の価値の中で捉えられていますが、命の価値としては捉えられていません。「専門の鉄砲打ち」（専門の猟師）は「生きていくために他の生き物を殺し、自身も殺される場」で生きてます。「白熊のような犬」は金銭の価値の対象にされてしまっていますが、もともとは彼らと同様な存在でありました。こうした点で、両者は、ともに「だいぶの山奥」（「山猫軒」）に属していません。「二人の若い紳士」の生きている、貨幣によって守られている「東京」に属していません。彼らは命の価値そのものが問われる世界で生き続けているのです。このことが、「だいぶの山奥」で「専門の鉄砲打ち」が消え、「白熊のような犬」が死んでしまった理由です。

④〈語り手〉と〈登場人物〉、及び〈登場人物〉同士の相互関係を矢印（↑　⇔）でつなぐとどうなるのか、相互関係構造図を作りましょう（「〈語り手〉」、「だいぶの山奥」（「山猫軒」）、「東京」（「二人の若い紳士」）、「山奥」（「専門の鉄砲打ち」（専門の猟師））、（「東京」から連れてこられた）「白熊のような犬」）、の五枚のカードを二つの矢印（↑　⇔）でつなぎ、時間・空間・人間《ジンカン》の相関図を作ります。「↑」は単方向（から）、「⇔」は双方向（同一）を示す「線」です）。

〈語り手〉は「「だいぶの山奥」（「山猫軒」）⇔「東京」（「二人の若い紳士」）、「山奥」（「専門の鉄砲打ち」（専門の猟師））」⇔（「東京」（から連れてこられた）「白熊のような犬」」の、それぞれの外部から、大別すれば二つの世界を俯瞰して語っています。〈語り手〉からの↑で、そのことを示すことができます。〈語り手〉が立っている地点は「了解不能・言語以前〈第三項〉の領域」です。二つの世界もその領域に配置されています。

「だいぶの山奥」（「山猫軒」）と「東京」（「二人の若い紳士」）は相互転換します。両者間の⇔でそのことが示されています。「山猫たち」と「二人の若い紳士」は「安全な所にいて、食べる・食べられる、殺す・殺されるリスク」を取ることはなく、常に「食べる」「殺す」側にいるからです。貨幣世界を生きています。自ら手を汚すことなく振舞っています。それだけでなく、彼らはこの事態の中にいることについて自覚的に生きていません。「山奥」（「専門の鉄砲打ち」（専門の猟師））と（「東京」から連れてこられた）「白熊のような犬」は相互転換します。両者間の⇔でそのことが示されています。「専門の鉄砲打ち」（専門の猟師）は「殺し・殺される、命のやり取りをする」側にいます。「リスク」に晒されて、常に「食べる」「殺す」側にいます。自ら手を汚しています。この事態の中にいることについて自覚的に生きています。「白熊のような犬」にもそうした面影が残っています。必要以上に相手の命を奪うことはありません。金銭でなく、命の価値という点で「東京」から連れて来られた「白熊のような犬」も「専門の鉄砲打ち」（専門の猟師）に通じていく存在です。貨幣世界の中に巻き込まれてはいますが、命の価値はその中にあるのではありません。

しかし、「二人の若い紳士」にとって、「専門の鉄砲打ち」（専門の猟師）はお金で雇い、「白熊のような犬」はお金で購入した存在です。「二人の若い紳士」にとって、「専門の鉄砲打ち」（専門の猟師）は「山奥」の「案内」人として有用性として必要にされている人物であり、「白熊のような犬」はお金で示すことのできる価値としての有用性として必要にされている生き物です。「二人の若い紳士」はこのように接していることに自慢の思いを抱き、全く疑問を感じていません。このことは、〈語り手〉によって、「専門の鉄砲打ち」（専門の猟師）が「だいぶの山奥」で消えてしまい、「白熊のような犬」が死んでしまうというように捉えられています。「二人の若い紳士」が「だいぶの山奥」（「山猫軒」）に迷い込み、「山猫軒」で恐怖の体験をさせられてしまう要因である、と。

〈語り手〉は〈対象人物〉の「山猫たち」も〈視点人物〉の「二人の若い紳士」と同様の事態を生きている人物であるというように捉えています。同様の「世界定め」をしている、と。このことは、「山猫」たちが〈視点人物〉に転換して語られているところでより明確に示されていきます。「山猫」の「親分」の狡賢さと愚かさ、「二匹」の「子分」の「親分」に対する批判と「親分」と同様な愚かさとして、です。「二人の若い紳士」も「山猫」たちも「安全な所にいて、食べる・食べられる、殺す・殺されるリスクを取らない」ことでは共通しています。この領域は貨幣・都市・国家という〈虚構〉によって生み出されており、「二人の若い紳士」に全面的に現れており、守られています。〈語り手〉はそうした視点人物、「二人の若い紳士」の「見る」ことの中に現れ出てくる人物として「山猫」たちを語っています（この学習課題は登場人物の相互関係と〈語り手〉との対応を考えていきます。各自の呟き活動とそれぞれを聴き合うことが大事）。

第三次　6　〈作品の提起していることについて〉考える

〈語り手〉は、「さっき一ぺん紙くずのようになった二人の顔だけは、東京に帰っても、お湯にはいっても、もうもとのとおりにはなおりませんでした」と語って、この話を終わっていますが、この事態が問いかけているのはどのようなことか、考えてみましょう（この〈謎〉の相互確認は、「学びに向かう力」に関わる学習）。

田中は、「犬が登場して山猫軒は消えるのですから、作品の主な舞台は幻想だったことは誰でも分かります。しかし、それは視点人物のまなざしから見た表層の物語です。その深層に語られた物語、〈メタプロット〉にいくと、〈語り手〉は「だいぶの山奥」に二人の紳士を、山猫との対幻想に隠された無意識の欲望領域の帰着点に誘い込み、それがいかなるものかを露わにし、二人の無意識を支えていた都会の「共同幻想」こそ暴き出していました。生きとし生けるものは互いに他の生き物を殺し、殺され、食物連鎖に宿命づけられていることをリスナーに見せた」と捉え、このことは「固有の人間性を付与されていない傀儡《かいらい》、貨幣経済の都市のシンボルとして登場していた「二人の若い紳士」」の問題化であると論じています。そのうえで、「「だいぶの山奥」の奥、言わば「二人の若い紳士」の意識・無意識の外部である〈向こう〉、「専門の鉄砲打ち」や「白熊のやうな犬」の生きている本物の「山奥」、殺し合って生きる場、大自然＝大宇宙の永劫の彼方に通じる場が現れます。すると、そこではその「紙くずのやう」な顔こそそのまま燦然と輝く光が放たれていたのです。悪人だから救われるという逆説、パラドックスです。「紙くずのやう」な顔の罪業こそが救われる」というように、です。「紙くずのようになった二人の顔」が「二人の若い紳士」に受け入れられることが求められています。そのことによって、貨幣・都市・国家という〈虚構〉によって生み出されている「二人の若い紳士」の「東京」、それと「合わせ鏡」になっている「だいぶの山奥」（「山猫軒」）が問題化されていきます。〈語り手〉は、「紙くずのようになった二人の顔」がそのままであること、食べる・殺すが食べられる・殺されるによって照らし返されること、「紙くずのようになった二人の顔」であることによって、「二人の若い紳士」の命の価値が新たに生み出されていくことが語られています。了解不能の《他者》の側から問われることによって、です。〈語り手〉は、こうした「パラドックス」を「二人の若い紳士」の「顔」が「紙くずのようになった」事態によって語っているのです。

この事態の中で、「二人の若い紳士」が今まで有していた貨幣・都市・国家という〈虚構〉に依拠する世界観が崩壊していることが示されています。〈語り手〉は「二人の若い紳士」の命を奪っていません。この後、「二人の若い紳士」に何かが起こっていることを、貨幣・都市・国家という〈虚構〉

の外部〈了解不能・言語以前〈第三項〉の領域〉から、「さっき一ぺん紙くずのようになった二人の顔だけは、東京に帰っても、お湯にはいっても、もうもとのとおりにはなおりませんでした」に焦点を当てて語っています。田中は、「東京という都市、文明それ自体が否定、拒絶されていること、二人の紳士の「紙くずのやう」な顔こそが美しく輝く、背理の光を放っていることが見えてきます」、「「二人の若い紳士」の「泣いて泣いて泣いて泣きました」という主体はもはや自身を支え、肯定する何ものも持ち得ません。「紙くずのやう」な顔のままという恐怖と痛みの極限にいる彼らに、外部、〈向こう〉から光が射す」というように捉えています。「主観的現実を超えて客観的現実が実体として在るという近代のイデオロギーを賢治は相対化しています。客体の対象世界とは主客相関で捉えている対象領域のこと、この相関関係を相対化し、メタレベルからこれを捉え直すまなざしで、賢治は対象を捉えていたのです。それは主体の外部、先に述べた大自然＝大宇宙である〈向こう〉に一旦出て、その「向こう」からこちらを捉える」、「ここに〈語り手〉の自己表出があります。この逆説の背理、パラドックスが賢治文学を賢治文学たらしめてい」ると論じています。

付記　作品の引用は基本的に青空文庫による。現代仮名遣いに改め、ルビなどは省略した。

今西祐行

ヒロシマのうた

作品研究

『ヒロシマの歌』における〈語る〉必然
―〈語り手〉「わたし」の存在を意識する―

坂本まゆみ

はじめに

今西祐行『ヒロシマの歌』は、一九五八年八月「朝日新聞ジュニア版」に『原子雲のイニシアル』の題名で発表後、一九六〇年十二月国分一太郎編『日本クオレ②愛と真心の物語』（小峰書店）に『ヒロシマのうた』として改作改題して収録されたものである。教科書採択は昭和五十二年度版東京書籍（一九七七年）が初めてであり、その後四十年以上に渡って掲載され続けているが、敗戦後七十七年が経つ今日、「戦争・平和教材」が曲がり角にきていることは、多くの論者が指摘しているところである。例えば、児童文学研究者である宮川健郎氏は、一九九六年に既に「私や、私たちのなかにある「戦争児童文学」という考え方の枠組そのものが相対化されなければならない」（『現代児童文学の語るもの』NHKブックス、一七六頁）（以下引用はこれに拠る）と問題提起している。宮川氏が言うように、この枠組とは「私や、私たち」の中にあろう。相対化すべき対象は「戦争児童文学」のみならず、「私や、私たち」である。読み手が自身の枠組を相対化することが求められよう。

Ⅰ 「私や、私たち」を相対化する装置

どうしたら読み手が自身の枠組を相対化することができるだろうか。主体があって客体が実体としてあるという二項では、準拠枠は客体にあり自己の枠組そのものの相対化とはならない。また、主体と主体の捉えたものの二項では、準拠枠を喪失し相対化自体が不可能である。従来の捉え方とは全く別の捉え方が必要になろう。ここで稿者が注目するのが、田中実氏の提唱する〈第三項〉論である[1]。第一項は主体、第二項は主体の捉えた客体＝〈わたしのなかの他者〉、この二項に加え、その向こうの了解不能の《他者》＝〈第三項〉という概念を措定し、〈第三項〉を準拠枠として〈わたしのなかの他者〉の問題を問題化する。読み手は、〈第三項〉を措定することで、読み手に現象した〈本文〉＝パーソナルセンテンスを〈原文〉＝オリジナルセンテンスと切り分け、相対化の対象とすることができるのである。読む対象は読み手自身である[2]。読み手が捉えたものを自身で捉え直す、つまり〈第三項〉が、「私や、私たち」を相対化する装置なのだと考える。本論は、〈第三項〉論に基づき、長く愛読されてきた本作品に新たな価値を見出すとともに、読み手自身の相対化を目指すものである。

Ⅱ これまでの読まれ方

この作品には、次のように、前半部とその後日談としての後半部と、大きくは二つ、小さくは五つ

の出来事があり、一人称で語られている。

A前半部　①原爆投下直後の広島で救護活動をする　②ミ子ちゃんを見つける

B後半部　③七年後ラジオでたずね人の放送を聞く　④七年後「わたし」、ヒロ子、橋本さんの三人が広島で初めて会う　⑤十五年後広島で再会する

この筋をどう捉えるかが重要である。関口安義氏は、「それぞれの場面を通して訴えられるのは、原爆の悲惨さとヒューマニズムの立場からの戦争の悲劇の告発である」（『一つの花　評伝今西祐行』教育出版、二〇〇四年三月）とする。「原爆の悲惨さ」と「逆境にめげずたくましく生きている姿」と、二つの筋があるといっていよう。「リアリズムに徹した原爆地獄絵」と「戦後数年の困難な状況の説明が生彩を放てば放つほど」「可憐なヒロ子ちゃんの姿が印象づけられる」として、「困難な中にあっても美しく生きる人間の物語、人間賛歌である」と高く評価する。これに対し、木村功氏は「戦争児童文学のアクチュアリティー――今西祐行「ヒロシマの歌」論――」同志社大学六一号、二〇〇四年一二月）（以下引用はこれに拠る）、「広島における〈わたし〉の酸鼻を極めた個別的体験は、（略）ミ子がヒロ子となるように成長・「復興」の「物語」へと変換され」「ハッピーエンドで締め括る」とし、「「復興」後も生き続けている被爆者・遺族の存在がまったく捨象されている」と批判する。さらに「〈わたし〉の原爆体験を一つのハッピーエンドの物語として読者に受容させてしまう危険性を内包している」と危惧する。この二つの論は真逆の評価でありながら、二つの筋があって統一され

る、或いは変換されると捉えていることにおいて同じであると考える。

木村論に先立ち、新しい読みを目指した『文学の力×教材の力　小学校編6年』(田中実・須貝千里編　教育出版、二〇〇一年三月)において、原仁司(「児童文学としての『ヒロシマのうた』―その改稿過程に見られる得失―」)・住田勝(「断絶から対話を拓く戦争児童文学の可能性―『ヒロシマのうた』を手がかりとして―」)(両氏共以下引用はこれに拠る)の両氏が主人公をそれぞれ「広島において異人」「傍観者」と批判し、視点人物「わたし」を捉える読みを提出していた。原氏もまた、「前半部のストーリー展開は圧巻のきわみである」が、「後半部は、(略)次第に明るい、はばたきの世界へと移行し」「抗議の「声」が全くそこに重なり合わない」と、前半部と後半部を分断させて読む。住田氏は「傍観者として、という関わり方は、この作品を通じて「わたし」の、『ヒロシマのうた』世界への関わり方の特徴である」と一貫した「わたし」の立場を指摘し、「この作品の弱さは、読者を「ヒロシマ」に連れていく「わたし」の部外者性であ」ると批評する。

教科書の扱いはどうか。東京書籍令和二年度版教科書においては、戦争や平和について書かれた作品と「関連付けて読む」に位置付けられている。手引きには「ワイシャツの原子雲のししゅうにこめられたヒロ子の思いや願いは、どのようなものでしょうか。」「お母さんの言葉を聞いて、「よかったですね。」と言った「わたし」は、どのような心情だったと思いますか。」と、語られた出来事だけを発問している。これら諸論は、作品の価値を十分に引き出しているだろうか。

Ⅲ　〈語り手〉「わたし」を読む

教科研岩手国語部会[3]は一九六七年に、最後の場面を取り上げ、「私はそのワイシャツを胸にしながら、十五年の時の流れをしみじみいつまでも思います。『その時、わたしは水兵だったのです。』という冒頭の回想的な語りだしは、ここからはじまっています。」と指摘している。これに着目し、さらに〈語り〉を構造化して考えたい。〈語り手〉「わたし」は結末の出来事を知って語っているということは、〈語り手〉「わたし」は出来事に対して、距離を置いて対象化して語ることができるところにいると考えられる。語りには語られた出来事に、語る主体の対象化の内実や語る理由が込められているはずである。田中実氏は、「メタプロット」という用語を提示している[4]。これは〈語り手〉を想定することで読み手にあらわれるものである。〈語り手〉が、視点人物・対象人物をどのように捉えているのか、なぜ語っているのかを問うて読むことであり、その掘り起こしに読み手の読む意義が生まれるのだと稿者は理解している。〈語り手〉の存在を意識して「メタプロット」を読むことを課題としたい。また、出来事に向き合っている「わたし」は実況中継的に語られ、叙情を排した語りぶりが際立つ。語りの現在の「わたし」の感慨をほとんど述べずに、情感を削ぎ落として語っているのが特徴であろう。〈語り手〉「わたし」はその心中のほとんどを直接語らないために時空の異なりや語る主体のあり様が見えにくいが、むしろそこにこの作品の仕掛けがあると思われる。

1 『ヒロシマの歌』のプロット

まずは、語られる「わたし」のお話を読んでいこう。

①〔前段〕原爆投下直後の広島で救護活動をする

まず、原爆投下から十九時間後の描写であり、「地獄の真ん中」の様子が生々しく語られる。「わたし」の見たもの聞いたことがリアルに再現して語られ、凄惨な光景が目の前に出現するかのようである。その光景の中を「わたし」たちは丸一日救護という名の死体片付け作業をする。感情を殺さなければ遂行できない過酷な作業だったと語られていよう。

② ミ子ちゃんを見つける

翌日の夜、「わたし」は「赤んぼう」の声を聞く。呼びかけられたかのように「わたし」は反応しないではいられない。赤ん坊を抱く母の姿が生々しく描写される。駅の近くで行き会った夫婦にその赤ん坊を預かってもらうが、そのことは、兵長にぶたれても「なぜか」話さなかった。後に続く「初めて」知る「悲しい」は、ぶたれるという肉体的痛みとそれ以上に、人間を人間でなくしてしまう戦争というものの非情を身に沁みて感じたと語られていよう。

③〔後段〕七年後ラジオでたずね人の放送を聞く

「それから、長い年月がたちました。」と緩やかに七年後が語られ始める。ラジオから聞こえたたずね人の放送から、「もうすっかり忘れていたあの日」を思い出す。「たずね人」の放送や橋本さんからの「手紙」に真摯に反応する。ミ子ちゃんが生きていたことを心底有り難く恩寵のように感じている。母からもぎとった命が別の母に助けられて生きている、その命のためにできるだけのことを精一杯したいという思いが、ヒロ子や橋本さんを心配する言動に表れていよう。

④　七年後「わたし」、ヒロ子、橋本さんの三人が広島で初めて会う

「広島の町はすっかり変わっていました。」とは、「わたし」はこの七年というもの「広島」に直接関わることはなかったということである。橋本さんという相手を得て「初めて」「あの日」を語ることになる。そして橋本さんと「わたし」の心配はヒロ子に本当の母のことをどう知らせるかであり、ヒロ子が中学を卒業したときにまた会う約束をする。その後、橋本さんから、働き場所を見つけ自立したという手紙が来て、安堵して、また「忘れていくようでした。」と語られる。

⑤　十五年後広島で再会する

再会は、中学を卒業したヒロ子に「お母さんの話など話してや」ることが任である。ヒロ子に出生の秘密をうまく受け止めてほしいという思いを抱いて真摯に行動する。話しあぐねて一日町を歩き、灯籠流しをきっかけにやっと話しをする。ヒロ子に同情し、気遣い、自分のことのように胸を痛めている様子が語られる。任を終え、別れるに当たって、ヒロ子が徹夜で縫ってくれた「きのこのような原子雲のかさ」の刺繍のあるワイシャツを胸にかかえながら、十五年の歳月を考える。

2　対象人物のまなざしから浮かび上がること

まず橋本さんを考えてみよう。その名がわかるのは「橋本さんですね。」と直接話法で語られる一箇所があるからであり、それ以外は全てヒロ子の「お母さん」として語られている。「泣きじゃくる」等、庇ってやりたくなる存在として語られ、庇護すべき相手だと「わたし」が捉えていることがわか

る。また、手紙や直接の台詞で橋本さんの事情や様子が生の声でも語られ、原爆で我が子を亡くし原爆症で夫を亡くしたこと、経済的困窮、夫の母の家に身を寄せる肩身の狭さ、自身の原爆症への不安、ヒロ子に関する懸念等、様々な相克の中で生きた戦後だったことが伝わり、「わたし」はできるだけのことをしたいという思いの中にいることがわかる。その中で、橋本さんは庇護されるだけではない姿を見せる。朝「わたし」が起きるのを待ってワイシャツを見せる場面である。贈り物としては別れのときに初めて見せるほうが効果的だが、ヒロ子を一人で立派に育ててきたことをここでしかと見せている。一時は手放そうと思ったこともあるが、本当の「ヒロ子のお母さん」になることを決意し、必死に生きてきたことを主張していよう。その思いを全幅に受け止めて「よかったですね。」の言葉がある。最後の広島駅での場面にはヒロ子は直接には描写されず、むしろ、その朝ワイシャツを見せ「もう何もかも安心」と言って目をおさえる橋本さんが前景化されるように語られる。〈語り手〉は橋本さんこそ原爆の犠牲者であることを告げ、懸命に生きてきたことを語っていよう。

次にヒロ子を考えてみよう。ヒロ子は小学一年のときに、義理のおばあさんから「拾われた子のくせに」という類いの言葉を直接浴びせられている。つまり、自身が養子であることには感づいている。母が自分を手放そうとしたことも知っている。すると、この少女に起こる当然の疑問、自分は一体誰だろう何者だろう、という存在に関わる問いを抱え込むことになろう。「わたし」に会うことは、自身に纏わる出生の秘密を知ることであり、教えてほしいという大きな期待をもって、一人で「わたし」に会ったのである。一方、「わたし」は容易には言い出せない。「わたし」は、いまわの際に必死に赤ん坊を守る「固くだきしめた冷たいお母さんの手の力」を痛切に感じながら、その母からもぎとるようにして助けた赤ん坊、ヒロ子のことが心から心配なのである。出生の秘密を知ることがどのような衝撃を与えるかと、腫れ物に触るようにヒロ子に気を遣い、どう話したらいいものやら躊躇している。二人は互いの気持ちを図りながら、一日中広島の町を歩き回るのである。ここにはすれ違う二人の思いが交差している。夕方、やっと一軒の食堂に入る。灯籠流しを「きれいですよ。」という言葉は、ヒロ子が「ヒロシマ」を知らないことを意味している。「ヒロシマ」の記憶はないのである。「わたしは、そうだ、今話さなければならないのだ」とは、あの原爆で死んでいった母の命の形見であるヒロ子に、母の死に立ち会った責任を感じたからであろう。ミ子ちゃんのことは「わたし」だけが知っている「事実」であり、話すことのできるのは「わたし」だけなのである。そして、気遣いながらも真剣に「あの日のヒロ子ちゃんのお母さんの話を」する。ヒロ子のほうは、聞きたかった話をようやく聞けて、「にっこり笑」う。「お母さんに似てますか?」「会ってみたいな……」は自身につながる根源をもっと知りたいという意味であろう。そして、自分の生にとって決定的な「事実」を話してくれた「わたし」への精一杯の思いをワイシャツに託す。ワイシャツには「きのこのような原子雲のかさ」と「わたし」のイニシャルがあった。それは、「私って何ですか」という問いであり、「わたし」はそれに応えるべき宛名なのである。

〈語り手〉は、登場する「わたし」とヒロ子の時空間にはいない。語られる出来事の外にいて、その関係を語っている。ヒロ子は、「わっと泣き出したらどうしよう」という「わたし」の心配の外にいた。「強い子」「どんなことにも負けていません」……という「わたし」のまなざしの外にいたことを〈語り手〉「わたし」はわかって語っている。最後の場面ではヒロ子のことは語らない。ヒロ子という少女をいかなる者として捉えるかと、〈語り手〉は読み手に仕掛けていよう。

3 〈語る〉必然

ヒロシマを知らないヒロ子が、「ヒロシマ」を受け止めてこれからの自身を生きるとは、「ヒロシマ」を抱えて生きることにほかならない。ヒロ子はそれを受け止めようとし、「わたし」もまた生と死の極限に遭遇してしまったことを運命のように感じている。二つの魂の響き合いが〈語る〉必然を生み出していよう。「わたし」はヒロ子に自分の体験した「ヒロシマ」を包み隠さず語り、原爆を越えて再生してほしいのである。決定的な生と死の場に居合わせた者としての使命感、謂わば天命として「わたし」は語るのである。故に「わたし」は目撃者に徹し、誇張なしに、自身の感想は加えず、感傷的にならず、たんたんとした口調で、「わたし」にとっての「事実」が伝わるように語る。「わたしはそのとき、水兵だったのです。」と立ち位置を明確にして語り出すのはそのためであり、目の当たりにした原爆下での様子と、ミ子とその母の状況を丁寧に詳細に語るのである。

生々しい場面の前半部が語られた後、後半部は「長い年月がたちました」と柔らかな口調で語られ始める。「わたし」についてわかるのは、労働者であること、他所から広島へ行き来し「パイナップルの氷菓子」を買ってやれる余裕があることくらいである。しかも、これは敗戦後七年の歳月が経ってのことであり、語られない「空白」の時間がある。敗戦直後の混乱期、一般庶民であれば誰もが今日明日を生きるために闇雲に生きるしかなかったであろう。あの日のことは「すっかり忘れ」なければ生きていかれなかっただろう。戦争について反省することも責任を負うことも、そのような余裕もなくただ我武者羅に生き延びてきたのである。それらは一切語られず、生々しさを消し去り、「空白」をもって逆接的にこれを語る。偶然ラジオでかつて助けた赤ちゃんの存在を知ったとき、「わたし」は過去に引き戻され、原爆被害者である橋本さんの窮状を知り、できる限りの手を尽くすのである。その後手紙も来なくなり「いつかヒロ子ちゃんのことを、忘れていくようでした。」とは、未だ復興途上であることを示していよう。必死に働き一人で子育てをする橋本さんに、手紙など書く余裕はなかったのである。

再度「空白」の時間が挟まれ、十五年後が語られる。わたしは再会の日をそれにふさわしく原爆の記念日と選んだにもかかわらず、「記念日を選んだことを、後悔してい」る。理由を「記念のいろいろな行事は、何かわたしたちの思い出とかけはなれたものにしか思えなかったからです。」と述べる。「わたしたち」にとって日々生き延びることが復興であり、復興は「ヒロシマ」を忘れることで可能であった。しかし、「記念日」は忘れることを許さない。「わたし」が「後悔」したのは、「ヒロシマ」を不問にしてきた自身を感じずにはいられなかったからだろう。それは、逆に「すっかり忘れていた」にもかかわらず、「空白」の時間もずっと「地獄の真ん中」が「わたし」の意識の底の奥深くに抱え込まれていたことを意味していよう。

この十五年後を、木村氏は「「復興」によって原爆の死者が追悼行事の対象として回顧的に捉えなおされる段階」と適切に指摘する。この昭和三十五年を舞台にして、「わたし」はヒロ子に再会し、自ら話さなければならないことに気づき、話し、ヒロ子から手縫いのワイシャツをプレゼントされるのである。ワイシャツを見せられたのは朝であるが、広島駅を発つのはその日の夜である。一日何をしていただろうか。敗戦後ゆっくり見ることのなかった広島の町を、当時を思いながら歩いたのではないか。広島駅北のかつて広大な敷地であった東練兵場の跡を確かめ、横川町までの約三キロをミ子ちゃんの母の足跡と思われる道を辿ったとも考えられる。広島の町が記念セレモニーで賑やかであればあるほど、「わたし」の経験したこととかけ離れているという思いは強くなっただろう。そして、汽車に乗り、「きのこのような原子雲のかさ」と自分宛のイニシャルのあるシャツを胸にかかえ、「十五年の月日の流れを考えつづけ」るとき、自身の「後悔」の意味を悟る。今こそ「わたしたちの思い出」を伝えなければならない、「わたし」には伝えることができると思い至ったはずだ。家に帰り着いてすぐに書き始めたいほどの切実な思いが「わたし」に宿っていよう。そして、「ヒロシマの歌」と題をつけた手記を綴る。語る相手はヒロ子であり、ヒロ子なるものたち、「ヒロシマ」を知らない新しい世代である。ここに関係概念の「作者」[5]を想定すれば、ヒロ子の「ヒロ」は「ヒロシマ」を意味していることが浮かび上がってこよう。「歌」は、敗戦後十五年を経た日本社会に、静かにしかも力強く響かせたい若い世代への応援歌である。東京書籍教科書版は「うた」と平仮名で表記しているが、漢字「歌」の持つ、声に出して歌う、音律をもって歌うという意味を削いでいるのではないか。これは関係概念「作者」の意図を損なうものだと考える[6]。

作品を構造化し、〈語り手〉を想定し「メタプロット」を捉えたとき、前半部と後半部は統一される必然をもって、一つの筋「原爆の落とし子である少女からワイシャツをプレゼントされた元水兵の話」が読み手の前に現れてくる。

4　ヒロ子の生の根拠

〈語り手〉は、視点人物「わたし」や対象人物ヒロ子のそれぞれの主体に応じて現れた「真実」を、別の時空から相対化して語っている。だから、生の根拠に不安を抱え、どう生きるかを真面目に考えるヒロ子の姿が見えるのであり、ヒロ子に向き合っているときは気づかなかった自身の姿も見え、語りの現在、ヒロ子のこれからに心を砕いているのである。これを語ることでヒロ子は生きる根拠を見出せるだろうとの確信はあるが、ヒロ子のこれからは未知である。一旦受け止めたとしても揺らぐこともあるだろう。だからこそ、「ヒロシマ」をヒロ子に語る必然があり、最後の場面でヒロ子を語らないでおくのだと考える。

見聞きしたものは、〈語り手〉「わたし」という主体に応じて現れたものであると承知しながら、しかし、それを語ることが必要だとして語っているのである。その中で〈語り手〉が推測している箇所がある。「このお母さんは、ミーちゃんと呼ぶこの赤ちゃんと、はなれた所にいるときに、あのおそろしいことが起こったにちがいありません。」で始まる段落である。なぜ母が「あんた、ミ子ちゃんよねえ」と言うのか、なぜそこにいたのか、その理由をヒロ子に伝えなければならないと考えたはずである。推測でしか言えないことを推測で語るところに〈語り手〉の誠実がうかがえよう。これ以外考えられない状況であるからには、その赤ん坊は「ミ子ちゃん」ではないという可能性もあり得る。しかし、たとえそうであっても、死ぬ間際まで「ミ子ちゃん」と呼んで顔や頭をなでるその「母」の愛があったからこそ生き残れたことをヒロ子は知るだろう。同時に「あのおそろしいこと」が「母」と子を断ち切ったことを知るだろう。さらに、橋本さんが赤ん坊を預かる経緯は橋本さんしか知らない。だから手紙が直接引用される。「まるで荷物のように赤ちゃんを預かりました」「目の前で自分たちの赤んぼうをなくしたところだったのです。」という橋本さんの「真実」にヒロ子は、戦禍の苛烈な状況と自身の生の偶有性を感じずにはいられないだろう。もはやヒロ子にとって、「本当の母」が誰であるかは意味をなさない。自分の生が生かされてあることを悟るだろう。「向日性メッセージ」（住田氏）などという批判を撥ね返す強さをもつ励ましではないだろうか。一人の少女が生きるに根源的な拠り所を手に入れるために語られたのである。

5　〈語り手〉の語るもの

刺繍の「きのこのような原子雲のかさ」は何を意味しているだろうか。自分自身を相対化するのがこの意味ではないか。「原子雲のかさ」はそれを原爆と知る者であれば誰もが回避したいもの、ぎょっとさせられるものであろう。それを正邪善悪といった観念を超えたところ、「わたし」の自覚し得ない領域から、原爆を「知らない」ヒロ子を通して、ヒロ子もまた自覚し得ない領域から、「わたし」に差し向けられたものではないか。故に末尾の一文「汽車はするどい汽笛を鳴らして、上りにかかっていました。」は、〈語り手〉による「わたし」自身への「鋭い汽笛」と稿者は読む。〈語り手〉は、この世の因果に生きる者たちの姿を俯瞰して見せていると稿者には見える。「鋭い汽笛」は非難や警告ではない、自分自身を相対化することの困難を表していよう。それは末尾から冒頭に戻って物語全体を貫くことになり、ここに登場するそれぞれがそれぞれの運命や必然の中でそうと意識せずに愛を以て懸命に生きる姿が照らし出される。〈語り手〉は、断固戦争反対の意志と共にありながら、特定の思想の立場を超えて、「ヒロシマ」を抱え込みながら生きる者たちの姿を語っていると読む。

Ⅳ 「戦争児童文学」を相対化する

「戦争児童文学」という用語は、『児童文学事典』（日本児童文学学会編 一九八八年四月、東京書籍）に拠ると、「反戦平和の願いを託した児童文学。平和教育に熱心だった教師たちが、一九六〇年の安保反対運動などを経験する中で使用するようになった用語である。」（関口安義執筆）と説明されている。「戦争児童文学」には、「反戦平和」という一つのイデオロギーが託されていると考えていいだろう。宮川氏によると、「現代児童文学」は、その成立期に「変革への意志―社会変革につながる児童文学をめざす」という問題意識に支えられてあったという（前掲七二頁）。「現代児童文学」の一ジャンルである戦後の「戦争児童文学」もまた「反戦平和」という「社会変革」を目指すものとしてあったと言えよう。その意味で、木村氏の批判「被爆者・遺族の抱える問題は何も解決されない」があろう。木村氏の被爆者・遺族への深い思いが感じられるし、氏の言うようにこの作品で被爆者の抱える問題は解決しない。しかし、文学に「解決」を求めるところ、「戦争・平和教材」がイデオロギーを内包して括られるところに問題があるのではないか。イデオロギーは常に反転しかねない危うさを孕む観念である。ある価値とある価値の対立はあって当然だが、己の価値観を相対化できなければ「戦争」に至る。文学は、イデオロギーのために存するのではない、文学をある特定の価値を教えるための道具にしてはならない、如何に生きるか、「私」とは何かを問うのが文学であると考える。

宮川氏は「一九九〇年代の今日、子どもたちにむけて、戦争を書くことが成り立つためには、やはり、よく考えられた作品の「しつらえ」が必要ではないか」と述べ、「虚構のなかで戦争を書く」を提示し、「ファンタジーやSF」という方法等を挙げ、模索している。「しつらえ」は十分考えられて然るべきだろう。しかし、問題は、それを捉える「私や、私たち」である。そう捉えたものは自分の捉えたものでしかない、客体の対象そのものは「私や、私たち」には捉えられない、と見定めない限り、「考え方の枠組そのものを相対化」することは不可能ではないだろうか。関口氏の、視点人物「わたし」のまなざしをそのまま「語り」とみなす読み方も同様のことが言えよう。氏の読み方には、「語られたもの」という意識、つまり関係性の中で語られて主体にそう現れたものという捉え方は見受けられない。どう読み広げても視点人物「わたし」の「真実」を肯定し、そう読む自身を肯定することになろう。「戦争児童文学」に限らず、自身の読みを壊しながら自己を創ることが小説を読むことの意義ではないだろうか。『ヒロシマの歌』はそれに応え得る、時代を越えて生き延びる作品であると考える。

付記　本文は『今西祐行全集第六巻』(一九八八年十月、偕成社) に拠る。

註

(1) 田中実「近代小説の《神髄》――「表層批評」から〈深層批評〉へ――」(『都留文科大学研究紀要』第九五集二〇二二年三月) 参照。

(2) 田中実「〈原文〉と〈語り〉再考―村上春樹『神の子どもたちはみな踊る』の深層批評」(『国文学解釈と鑑

賞』第七六巻七号　二〇一一年七月、編集 至文堂　ぎょうせい）において〈第三項〉による読みのメカニズムが論じられている。

(3) 教科研岩手国語部会「授業のための作品研究」（『教育国語』九号　一九六七年、むぎ書房）

(4) 「メタプロットを探る「読み方・読まれ方」―『おにたのぼうし』を『ごんぎつね』と対照しながら―」（『文学の力×教材の力小学校編3年』田中実・須貝千里編　二〇〇一年三月、教育出版）参照。

(5) 田中実氏は、「作者」は作品の作者の意味で関係概念、「作家」は生身の人物で実体概念として、「作者」と「作家」を峻別している。馬場重行「作者／作家」（『「読むこと」の術語集 文学研究・文学教育』田中実監修　二〇一四年八月、双文社出版）参照。

(6) 題名の表記は、初出では『ヒロシマのうた』であったが、自作集『ヒロシマの歌ほか』（一九七六年六月十五日、講談社文庫）により『ヒロシマの歌』と、平仮名「うた」が漢字「歌」に改められた。その後の全集『今西祐行全集第六巻』（一九八八年十月、偕成社）においても同様に漢字を使用している。

授業構想

「ヒロシマのうた」の授業構想

難波博孝

I　はじめに

前稿の坂本は、「相対化すべき対象は「戦争児童文学」のみならず、「私や、私たち」である。読み手が自身の枠組を相対化することが求められよう。」と述べ、一方で、「読み手には無意識の領域があり、それを相対化するのは至難の業である。」とも述べる。それは、「ヒロシマのうた」の「わたし」（以下、「わたし」）も同じであった。坂本はそのありようを、「「すっかり忘れていた」にもかかわらず、「空白」の時間もずっと「地獄の真ん中」が「わたし」の意識の底の奥深くに抱え込まれていた」と的確に述べている。「わたし」が意識の底の奥深くに抱え込んだものを、「わたし」が意識することは「至難の業」である。まして、原爆故に「わたし」が意識の底の奥深くに抱え込んだものを、「わたし」が意識することなど簡単にできようか。筆者（難波）が広島に移り住んでから二十年余（本論執筆当時）、「被爆者の語りということ」を聞くことは何度もあった。彼ら彼女らの多くは何十年も経って、人によっては七十年以上経って語り始めている。語らぬままこの世を去る被爆者も多い。それほどに、「意識の底の奥深くに抱え込まれ」たものを意識すること、語ることは、「至難の業」である。

ここで疑問が浮かぶ。「わたし」には、「意識の底の奥深くに抱え込まれ」た「語り得ないもの」などあったのだろうか。原爆で死んでいった人々、生き残って苦しみながら生きている「ヒロ子」や親たちはそうだろう。しかし、「わたし」は被爆者ではなく、あくまでも傍観者ではないのか、違うのか。本論は、このことを徹底的に考え、それを踏まえて授業を構想したい。

坂本は、「ヒロシマのうた」を次のように区分する。これにしたがって、物語を見ていく。

A前半部　①原爆投下直後の広島で救護活動をする　②ミ子ちゃんを見つける

B後半部　③七年後ラジオのたずね人の番組を聞く　④七年後「わたし」、ヒロ子、橋本さんの三人が広島で初めて会う　⑤十五年後広島で再会する

本論では、手がかりとなる語として、「思い出す」「忘れる」などの言葉に注目する。また、それに類する「わかる」「しる」といった「認知・認識・思考活動」の言葉にも留意する。これらの言葉は、人間の意識・無意識に関わるだけではなく、原爆・被爆の「記憶」にまつわる言葉だからである。

Ⅱ　前半部

前半部は、「わたしはそのとき、水兵だったのです。」という「わたし」の語りから始まる。その後は、同時中継のような形で語りが進んでいく。この部分で目につくのは、「わたしは、赤ちゃんをだき取りました。そのときの、固くだきしめた冷たいお母さんの手の力、わたしは今もまざまざと思い出すことができます。」という箇所である。「まざまざと思い出す」「今」とはいつのことだろうか。これは、「わたしはそのとき、水兵だったのです。」と語る、語りの現在の「今」だろう。ただ、このことについては、後で詳しく考える。

前半部でもう一つ注目したいのは、「戦争ということが、こんな悲しいものであることを、そのとき初めて知りました。」という箇所である。これは、遅れた経緯を兵長に言わずぶたれたことについての言及である。この「悲しさ」は、「経緯を言ってぶたれた理不尽さ」への「悲しさ」ではない。これは、「言っても兵長はわかってもらえないことがわかっている」という「悲しさ」であり、それが戦争であるという「悲しさ」である。ただ、「わたし」はこのこと自体を「意識の底の奥深く」に抱え込んでいる。

もう一つここで注目したいのは、「そのとき初めて知りました」の箇所である。「わたし」がいる呉が焼け野原になったのは一ヶ月前の七月一日－二日である（呉市街地夜間無差別大空襲）。また、これ以前も以後も呉軍港や軍事施設は何度も空襲に遭っている。そして、なにより「わたし」は、八月七日に広島の惨状を目にしている。にもかかわらず、「わたし」は、遅刻した理由が言えず兵長にぶたれたこのときに、「戦争ということが、こんな悲しいものであることを、そのとき初めて知りました。」と述べている。

これら二つのことからわかるのは、「戦争の悲惨さ理不尽さを知っている」こと自体を「意識の底の奥深く」に抱え込んできた「わたし」の姿である。「わたし」は、数多くの悲惨さ理不尽さを経験しながら、それを感じること・意識することを切り離し「意識の底の奥深く」に抱え込んできた。それは、この時代を、心壊さずに生きていくための術であった。しかし、赤ちゃんにまつわる出来事によって、「意識の底の奥深く」に抱え込んできた「理不尽さ」が浮かび上がってきた。「わたし」はそれを「初めて知りました」と述べるのである。それほどに、「わたし」は、「戦争の悲惨さ理不尽さを知っている」ことを、奥深くしまい込んでいたのである。

Ⅲ　後半部　①「意識の底の奥深く」の一歩

後半部に入る。③の場面（おそらく一九五二年頃）では、「忘れる」「思い出す」という言葉が頻出する。「わたし」は、ラジオの「たずね人の時間」を「初めのほうを聞きもらしてい」たが、「海軍の兵士をさがして」いることを知り、「すっかり忘れていたあの日のこと」「急にまざまざと思い出しました」と語る。ここで、「初めのほうを聞きもらして」いるぐらいなので、「わたし」は特に「たずね人の時間」をふだんは気に留めていなかったことがわかる。しかし、それは表層のことである。この番組がトリガーとなって、「すっかり忘れていたあの日のこと」を「急にまざまざと思い出し」ている。「意識の底の奥深く」に抱え込んできたものが、蘇ってきている。しかも、「あの日のこと」は、「まざまざと」思い出すくらいに、「意識の底の奥深く」では、鮮明に残されていた。

この「まざまざと思い出す」という表現は、まさしく、冒頭の「固くだきしめた冷たいお母さんの手の力、わたしは今もまざまざと思い出すことができます。」と呼応する。ラジオを聞いた「わたし」は、「あの日のこと」を「急にまざまざと思い出し」てからは、ずっと「まざまざと思い出すことができ」る状態になっていることがわかる。一九五二年にラジオを聞いてから義母子と出会い、一五年後にまた義母とヒロ子（ミ子）と出会い、汽車に乗って帰ってその後もずっと、そして語る今も「まざまざと思い出すことができ」る状態にあるのである。しかし、それはいつも「まざまざと思い出している」ということでは、まだ、ない。

「わたし」は、ラジオを聞いて、「あの日のこと」は「まざまざと思い出す」ことができたが、「あのときミ子ちゃんをたのんだ人の顔は、どうしても思い出せませんでした。」と語る。そして、「ふと、あのとき、お母さんの胸からもぎ取った名札を、あのころの手帳といっしょにだいじに持ち続けていたことを思い出しました。」そして「長い間かかって、それをさがし出す」。この「思い出す」は、「あの日のこと」ではなく、名札を「だいじに持ち続けていたこと」を思い出すことである。つまり、「わたし」は、「あの日のこと」だけではなく名札をだいじに持ち続けていたことも「意識の底の奥深く」に隠していた。名札は、いったんは「だいじに持ち続けていた」が、「長い間かかって」「さがし出す」ところ、置いた場所を忘れるくらいに奥深く、しまい込まれていた。

私たちが記念や形見の品を持ち続けるのは、それを忘れないようにするため、記憶に留めるためである。では、その記念や形見の品を捨てないで、奥深くしまうのはどういうときだろうか。それは、捨ててはいけないと心の底では感じていながら、しかし、思い出したくないときではないだろうか。

名札がどこにいったかわからないということは、「あの日のこと」がそれほどに「意識の底の奥深く」抱え込まれたことの象徴なのだろう。だから、ラジオが「意識の底の奥深く」に触れたとき、湧き上がる思い出は「まざまざ」とであり、「だいじに」という気持ちまでも思い出されてしまうのである。

こういった「わたし」の複雑な意識—無意識は、このときの「わたし」（語られる「わたし」）はまだ見えていない。しかし、今語っている「わたし」は、それが何かがすでにわかっている。そうでなければ、こうやって語ることはできないからである。

Ⅳ　後半部　②放置された「被爆」あるいは「意識の底の奥深く」の奥

「わたし」が手紙を送った後、手紙が来る。このとき、（「わたし」にとって）重要な事実を「橋本さん」から告げられる。それは、「橋本さん」の夫、ミ子の義父が七年経って白血病で死んだということである。夫は、「広の工しょうに勤めていまして、あのピカドンの光には全然当たっていないのです。工場から帰ってくると、家も何もかもなかったのです。それなのに、七年たっているというのに、原爆症で白血病だったのです」。これは、いわゆる「入市被爆」である。「原爆が投下されたときは郊外（こうがい）などにおり、十五日目（広島の場合八月二〇日）までに爆心地からだいたい二キロ以内に入った人を「入市被爆者」としている（ヒロシマ平和センターHP）」。夫は、入市被爆をしており、現在の基準では、被爆者健康手帳が交付される「被爆者」である。もちろん橋本さん（義母）も現在の基準では被爆者である。

夫は、広（現在の呉市広地区）から八月六日のうちに広島市内に入っている。そこで被爆した。一方で、「わたし」は、八月七日の午前三時頃広島駅に着いている。爆心地から広島駅まではちょうど二キロメートル。実は、「わたし」も入市被爆者であり、現在の基準では「被爆者」なのである。この重要な事実を、研究者や実践者は触れられないでいた。それは、なぜか。

ここには「入市被爆」という概念設定の問題がある。「原子爆弾被爆者に対する援護に関する法律」が制定されたのは一九五七年である。しかしこのとき、「入市被爆」の概念はなかった。被爆者支援の活動によって「入市被爆」という概念が規定され、二号被爆者として認定されたのは、同法の改正された一九六二年である。

「ヒロシマのうた」が書かれたのは、坂本論にあるとおり、「一九五八年八月「朝日新聞ジュニア版」に『原子雲のイニシアル』の題名で発表後、一九六〇年十二月国分一太郎編『日本クオレ②愛と真心の物語』（小峰書店）に『ヒロシマのうた』として改作改題して収録され」ている。つまり、刊行された当時、「入市被爆」という概念は定まっていなかった。一方で、夫のように何が原因か明確にされず苦しんで死んでいった〈被爆者〉は、数多くいた。夫も橋本さんも、ピカドンのせいだと思いながら、公的には認定されない。生き残った人々も、認定されないまま何をどうすればいいかわからず一九六二年まで放置されていたのである。この「ヒロシマのうた」はそのようなときに書かれた。

しかも、彼らは、「被爆者」と認定される以前から、惨状を体験し目撃した「当事者」である。「目撃者」としての「当事者性」は、被爆者健康手帳が交付されるか否かにかかわらず、あった。しかし、「ヒロシマのうた」の研究や実践はこのことも放置してきた。

この場面の最後で、「わたし」は、「ありがとうございました。ありがとうございました。ミ子ちゃんは元気で、助かったのですね。」と語る。それほどにミ子の生死は「意識の底の奥深く」で「わたし」は気になっていたのである。それが次のステップに「わたし」を進ませることになる。

V　後半部　③踊り場

④の場面を見ていく。一九五二年、被爆七年後に広島で三人は会うことになる。しかし、このときは、「わたし」は原爆記念日を選んでいない。これから八年後の再開時には原爆記念日を選んでいるにもかかわらず。また、「ちょうどあの日のように朝からぎらぎらと暑い日」と明確に「あの日」は意識されていたにもかかわらず。さらに、一九四七年から「平和祭」として始まった広島平和記念式典が続いており、この一九五二年には「原爆死没者慰霊碑」も除幕されているにもかかわらず。

ここから、「わたし」の心の動きは、揺れ動いているように見える。最初「「ああ、この子は何も知らないのだな。幸せだな。」わたしは最初に、そう思いました。」と語っているが、別れ際には、「そのときの、何かヒロ子ちゃんの暗いかげが、いつまでもわたしは気になりました。」となり、別れた後に、義母から手紙をもらった後では、「何かヒロ子ちゃんも感じていることがあるようにも思われました。」と語っている。その後義母とヒロ子親子が洋裁学校に住み込みで働くようになると、「わたしはほっとしました。それからも二度三度手紙が来ましたが、その手紙もだんだん短くなって、しまいには来なくなりました。わたしもいつかヒロ子ちゃんのことを、忘れていくようでした。」と語る。

最後の「忘れていくようでした」の表現に注目したい。これは、「忘れていった」ではない。「忘れていくようでした」とまるで他人事のように語っている。語られている「わたし」を、今語っている「わたし」が俯瞰して眺めて語っている。しかも、語っている「わたし」の中では決して忘れておらず、意識では小さくなりつつもはっきり「奥底」には残っていたことも、語っている「わたし」は意識して語っている。

ここの姿は、「あの日のこと」を「意識の底の奥深く」に抱え込んでいたのが、ラジオがトリガーとなって引き出されつつも、未だ、その思いが踊り場のように揺れ動いている姿、「安心したい―このまま忘れていきたい」姿のように見える。一方で、忘れられないことであること、結局は「意識の底の奥深く」には残り続けていることを、語っている「わたし」は、はっきりと意識している。筆者がここで踊り場と表現したのは、降りることも上がることもできる場であることとともに、既に、「意識の底の奥深く」に沈み込ませた記憶と思いとが、「動き出している」ことも表したいためである。

Ⅵ　後半部　④上る機関車

一九六一年の春に手紙をもらった「わたし」は、二人と会うことにする。そのとき「わたし」は奇妙な心の動きをしている。会う日について「わたしは原爆の記念日を選びました。」と理由もなく語った後、「わたしは記念日を選んだことを、後悔していました。記念のいろいろな行事は、何かわたしたちの思い出とかけはなれたものにしか思えなかったからです。」と語っている。一九四七年にはすでに「広島平和祭」が開催され、その後（一九五〇年を除き）毎年平和式典が開かれている。「原爆記念日」という名称も、「言葉としては「原爆記念日」が比較的古いもののようです。毎日新聞で確認できる初出は一九四九年。「広島で四度目の原爆記念日」という見出しが使われている。（毎日新聞HP https：//mainichi-kotoba.jp/enq-063）」とあり、既に定着している。また、「わたし」は、会う日として原爆記念日を「選びました」と語っている。こういうことから考えると、このときの「わたし」は、この日を選ぼうとする心と、それを後悔する心とがあったことがわかる。ここには、踊り場から一歩降りようとする「わたし」（原爆記念日を選んだ私。原爆に向き合おうと「意識の底の奥深く」に降りようとするわたし）と、それを避けてとどまろうとする「わたし」が、解離したままいることが示されている。

ヒロ子と会った「わたし」は一日町を歩き回る。原爆記念日は、広島市内は独特な雰囲気に包まれる。様々の外来者も多い。その中で、「わたし」は話し出すきっかけをつかめない。それを乗り越えさせるのは、灯篭流しである。川―元安川―の見える食堂の前に流れる灯篭流し。これを見てヒロ子は「きれいですよ」という。一九五〇年代の灯篭流しについて、「八月六日は広島市民にとって、お昼までは死没者の霊を弔うとき、夕方からは広島の復興を祝うお祭りのときとなっていたようです。昭和三九年、平和記念公園一帯の交通渋滞を理由に、花火大会が広島港祭りに吸収、合併され、流灯行事だけとなりました。三六、七年頃には六日夜から三日間、計二万個から三万個も流されていました（とうろう流し実行委員会 http：//www.chushinren.jp/tourou/rekishi.htm）とあり、華やかなものだったようである。その華やかさが「何かわたしたちの思い出とかけはなれたものにしか思えなかった」のかもしれない。それは、広島の地で被爆後を必死に生きてきた人々と、自分の傷が何かもわからず踊り場にとどまり続けている、広島を離れた「わたし」との対比も表している。

このことをきっかけに「わたし」は踊り場を降りる。話した後のヒロ子の様子を見て「わたし」は、「うれしいのやら、かわいそうなのやら、わたしのほうがすっかりなみだぐんでしまいました。」と「わたし」は、はじめて涙について語っている。ここで「わたし」は「意識の底の奥深く」に少したどりついた。ただ、それはまだ底に到達したわけではない。次の言葉「ヒロ子ちゃんは強い子でした。どんなことにも負けていませんでした。」という言葉からは、逆に、「わたし」が自分自身の「弱さ」を語っているようにも見える。

翌日「わたし」は、義母からヒロ子が作ったワイシャツをもらう。それはヒロ子がほんとうは「わたし」が帰るときに手渡すものであった。ヒロ子はこのワイシャツを「わたし」が電車の中あるいは帰宅後に見ると考えている。そうすると、このワイシャツと刺繍は、「いつまでも忘れないでほしい」というヒロ子の願いを強く意識したものだったはずだが、義母から先に「わたし」は見せられてしまった。ここには、ヒロ子と義母の微妙なすれ違いの心、ヒロ子は忘れないでほしい、まだ、自分の中では決着がついていない（にもかかわらず、強い人であろうとする）心と、それに気づかない（気づかないほどに自分も必死で生きている）義母とが浮かび上がる。

「わたし」は、ヒロ子の強さと弱さの解離、ヒロ子と義母の思いのすれ違い、義母の苦労、それらすべてを感じながら、汽車に乗る。そして、このとき初めて、「わたし」は、自身の「意識の底の奥深く」にたどり着いた。それが「わたしはそれを胸にかかえながら、いつまでも十五年の年月の流れを考え続けていました。」という表現なのである。

「汽車はするどい汽笛を鳴らして、上りにかかっていました。」の部分、それは、汽車がおそらく、瀬野駅と八本松駅の間の、有名な「瀬野八」の急勾配に差しかかって鳴らした、汽笛である（だから「上りにかかっていました」の「上り」は、列車の上り下りではなく、「坂を上る」の上りである。そもそも汽車はずっと「上り列車」のはずだから）。瀬野八の急勾配は、鉄道の中で稀に見る難所である。広島駅から瀬野駅、そして八本松駅（山陽本線の中で最も標高が高い）へと向かう。この「坂の上り」にさしかかったときの汽笛は何の象徴だろうか。これは、これから向かう人生の難所を示唆する汽笛ではないだろうか。「意識の底の奥深く」にたどりついた「わたし」がこれから経験するであろう、人生の難所、急勾配を暗示しているのではないだろうか。

では、その人生の難所、急勾配とは何か。そのことは読者の想像力に委ねられている。そして、その事自体が、語り手の願いである。語られた相手＝聞き手すなわち読者に、ずっと考えていてほしい、という願い。「わたし」に続く「意識してしまった苦しみの継続」を想像してほしいという願い。それが、「上り」の「汽笛」に暗示されている。

「わたし」の語りはここで終わる。しかし、語られている「わたし」はここで終わるが、語る「わたし」はここから始まる。本文中に「今年」とあるとおり、「わたし」はこの出来事があったその年に、すでに語り始めている。だから、冒頭の「そのときの、固くだきしめた冷たいお母さんの手の力、わたしは今もまざまざと思い出すことができます。」の部分の「今」は、もちろん抱きしめたときの今ではなく、回想し語っている今、つまり、「汽車」で大阪への帰途についたその年、回想を語り始めた今、である。「意識の底の奥深く」にたどりついた「わたし」は、堰を切ったように語り始めたのである。

それは、「意識の奥底」にたどりつけた「わたし」の、「心の障壁」を乗り越えた姿なのである。そして繰り返すが、このことは、被爆の苦しみを乗り越えたことを表すのではない。その苦しみを意識に「上」らせてしまったゆえに、言語化しようとしてしまったゆえにさらに苦しみを背負った多くの名もなき被爆者と〈被爆者〉の姿なのである。

Ⅶ　実践に向けて

実践では、この「わたし」の人物像を中心に、この物語（小説）の全体像を描き出すように行っていきたい。それがそのまま、この作品が持つ願いを具現化することになるからである。

重要なのは、語られている「わたし」の底にあり、語っている「わたし」は既に意識化している、「意識の底の奥深く」を常に意識しながら、「わたし」の語りを聞き、「わたし」の人物像を描き、物語の全体像を描き出すような実践を行うことである。安易に、平和へとつなぐ実践ではなく、原爆という衝撃がこれほどまでに、人生と心とを壊していくのか、そして、その壊れたところから、必死になって再生しようと人々がもがいてきたのかを、授業では、学習者とともに経験する実践を行いたい。

本論では、目標を、〈価値目標〉〈技能目標〉〈態度目標〉で考える。また、〈技能目標〉は、「知識及び技能」にあたる〈技能目標１〉と「思考力、判断力、表現力等」にあたる、いわゆる「読むことの目標」としての〈技能目標2〉で考える。

まず大きな方向性として、「ヒロシマのうた」を読み、単に平和や原爆について調べ学習をするということではなく、戦争などで深く傷ついた人々とともに共生していくにはどうすればいいか、自分と周りを考え続ける人となるきっかけとしたい。本論では、〈価値目標〉として「（自己や他者、世界を）考え続ける存在となる」ことを大きく掲げているが、これを「ヒロシマのうた」に合わせ、〈価値目標〉として「戦争などで深く傷ついた人々とともに共生していくにはどうすればいいか、自分と周りを考え続ける」とする。

次に、「ヒロシマのうた」で身につけるべき〈態度目標〉と〈技能目標〉を考える。

〈態度目標〉としては、「「ヒロシマのうた」という作品に向き合おうとする意欲・態度をもつ」とする。この〈態度目標〉は（どの教材でも同じだが）学習者の目標というよりも、教師の目標と考えている。つまり、「「ヒロシマのうた」という作品に向き合おうとする意欲・態度」を形成することが教師に求められている、ということである。

〈技能目標1〉については、「読書」に関わる学習指導要領の項目「日常的に読書に親しみ、読書が、自分の考えを広げることに役立つことに気付くこと。（読書　オ）」を参照し、「戦争に関する読書に親しみ、自分の考えを持つ。」とする。また、〈技能目標2〉については、「登場人物の相互関係や心情などについて、描写を基に捉える（高（イ））」「人物像や物語などの全体像を具体的に想像したり、表現の効果を考えたりする。（高（エ））」を参照し、「「わたし」の心情の変化について、描写を基に捉える〈技能目標2a〉」「「わたし」の複雑な心理構造を捉え、物語の全体像（語る「わたし」と語られる「わたし」）を想定する。〈技能目標2ｂ〉」とする。

高学年は登場人物の相互関係について捉えていくのが主流であるが、本教材では、あえて私の複雑な心理構造（特に解離状況）を捉えるということを中心におきたい。それはこの教材の視点が一人称であるということとともに、この見えにくい私の心情を捉えることこそが重要であると考えるからである。言い換えれば、「わたしの表層の意識」と「私の深層の無意識」との相互関係として捉えてみたい。これらの目標を受けて、次のような単元構成を想定する。（全八時間）

第〇次……〈価値目標〉への誘い　第０次とは、教科書本文を読む前の、準備の段階である。前もって、学級に戦争によって傷ついた人々、再生した人の姿が描かれた物語や漫画（たとえば「はだしのゲン」）を学級に置いておき、自由に読めるようにしておく。

第一次……〈技能目標2ａ〉形成（一時間）　第一次では、本文全体の朗読を聞き、「わたし」の表層の心情の変化について、描写をもとにざっくり捉える。その際、一人称でありながら心情が捉えにくいことに気づかせる。

第二次……〈技能目標2ｂ〉形成（三時間）　第二次では、「語っているわたし」と「語られているわたし」とを区別したうえで、場面ごとに「わたし」の人物像（意識と無意識の相互関係）を捉え、物語の全体像を具体的に考える活動を行う。

第三次……〈技能目標1〉形成（並行読書と合わせて）（二時間）　ここでは、並行して読書していた平和関係の作品と「ヒロシマのうた」とを比べながら、戦争で傷ついた人々はどのような姿なのか、その共通点と相違点を捉えたうえで、このような人々が現在も日本や世界中にいること、それらの人々と共生するためにどうすればいいかについて考え、自分の考えをまとめて、ＳＮＳで発信する。このような実践を通して、「ヒロシマのうた」の願いは、世界に広がるのである。

総論　第三項理論が拓く文学研究／文学教育

「読むこと」の原理と「〈良き小説〉」の絶対的な基準

田中　実

はじめに

昨年の晩秋、思いがけなく、わたくしはかねてから親交のある幼稚園の園長先生から、題材は問わないから、思うことを自分の幼稚園で先生たちに話してほしいとの依頼を受けました。幼児教育に関する専門的な知識も特別な体験もないのですが、実はその年の三月、拙稿「無意識に眠る罪悪感を原点にした三つの物語―〈第三項〉論で読む村上春樹の『猫を棄てる　父親について語るとき』と『一人称単数』、あまんきみこの童話『あるひあるとき』―」(『都留文科大学院紀要』第二五集　二〇二一・三)」を発表し、そこであまんきみこの童話『あるひあるとき』が村上文学と通底していることを論じていました。これはいみじくも幼児と老婦人の物語、八十年近く前の日本の太平洋戦争敗北による満州からの引き揚げ直前、とりわけ大切にしていたこけしの人形ハッコちゃんを焼却せざるを得なかった哀しい幼女の物語が幼児にも分かりやすい語り口で綴られています。これについてはさらに考えたいと思っていました。そこには戦争を知らない平和な戦後日本を生きる〈読み手〉には思いもかけない、それこそ目の眩む〈仕掛け〉が作中に用意されていたのです。そこで幼稚園ではこの童話を会場で朗読していただき、保育の先生方をその作品の物語の闇の奥にご案内したいとの思いに誘われながら、喜んでお引き受けいたしました。

I　あまんきみこの童話『あるひあるとき』を読むと

まずお話のあらすじです。作品の冒頭、老婦人の〈語り手〉の〈わたし〉の家に、近所のママが幼いユリちゃんと遊びに来ています。ユリちゃんはこけしをズラリと寝かせ、子守歌を歌って遊びながら眠ってしまいました。〈わたし〉はユリちゃんの寝顔を見ていて、ふいに自分も遠い昔、中国の大連にいた幼い頃、こけしのハッコちゃんに子守歌を聴かせながら寝入ったことを思い起こします。幼女の「わたし」は日本への出張から戻ったお父さんから、きれいな市松《いちま》人形や西洋人形と共に、当地では珍しかったこけしをお土産に贈られて大喜びをします。前者二つの人形は汚さないように丁寧に扱いますが、こけしの人形はハッコちゃんと名付けて大変可愛がります。「わたしのきおくのハッコちゃんは　片目《かため》の墨《すみ》が　ながれかけたような　なきがおで、とってもよごれた　すがたばかりです。」、「わたしたちは、　いつも　いっしょでした。／わたしが　かぜをひくと、ハッコちゃんも　かぜをひきました。」と〈語り手〉は語ります。こけしのハッコちゃんは幼女の「わたし」にとってはもはや命を宿した片割れ、分身になっていたのです。間もなく敗戦、大連の街は大混乱となって、父母は家中の物を売ってかろうじて暮らします。しかし、手垢で汚れているハッコちゃんは売れません。そのためハッコちゃんと一緒にいられ、「よかったね。」「よかったよ。」のスキンシップの「ナデナデ」を「わたし」は続けます。引き揚げの日が決まり、お母さんからハッコちゃんは連れて帰れないのよと言われると、「わたし」は少しだけ泣きます。「ええ、わかっていたのです。／父《ちち》や母《はは》の、たいせつなものが、ストーブでもえるのを　まいにち　みていましたから。」と、当時の社会背景の重大さを幼いながらも身体に深く受け止めていました。「わたしは、ハッコちゃんのあたまを　何回《なんかい》も　何回《なんかい》も、なでてから、父《ちち》にわたしま」す。ハッコちゃんがストーブにくべられると、「そのあとのことは、なぜか　おぼえていません。／ただ、　ストーブのなかで、ごおっと　ほのおの音《おと》が　した……」、「そのことだけ、よみがえってきます。」と語って、八十年余り後の老婦人の現在となり、**その間の膨大な時間は全て空白です**。末尾、「ユリちゃんの　ねがおは、こけしに　にています。」とこのお話は終わります。冒頭の現在に戻り、眼前のユリちゃんの寝顔がハッコちゃんの姿と重なるように〈語り手〉は語っているのです。この表現手法は鮮烈、文字通り目がくらみます。最末尾にはカタカナで、「メンコ／メンコト／ナデラレテ／コケシハ　マルコクナッタノサ」と全体が締められています。八十年余りの時間の空白は何を意味するのでしょうか。作品の内容について考える前に、小説の原理的な問題について触れておきます。

Ⅱ　「客観的現実」は言語による「制作」、『小説とは何か』

小説や童話とは何かの原理を問題にしようとすると、究極的には哲学・倫理の問題、**「言語と生**

命」・「認識と倫理」に関する難問・アポリアに突き当たります。「言葉で命を書き表すこと」、それはそもそも世界とはいかなるところで、そこに生きる意味、生きる意義・価値とは何か、いかなることかが問題になってきます。わたくしはここでこの原理的な問題に一旦向かわざるを得ないのです。何故なら、直近の拙稿「近代小説の《神髄》―「表層批評」か〈深層批評〉へ―」（『都留文科大学研究紀要第九五集』二〇二二・三）ではこの難問と向き合って、精根尽き果てた思いでほとんど落ち込んでいたからです。そこでわたくしは近代小説の《神髄》が近代のリアリズムから逸脱し、これを超える不条理、あるいは背理（パラドックス）をもたらすことに直面しました。その立場が本書にも収録の二つの拙稿、「背理の輝き・『注文の多い料理店』論」と同「『白いぼうし』の罪と愛」を論じさせました。そしていつもの通り、このベースには次に掲げる哲学者大森荘蔵の世界観認識の原理、「言語と生命」・「認識と倫理」があります。

> 我々の住む世界は言語以前に存在し、言語はこの世界の様々を表現する記号系である、という通念を改めなければならない。世界は言語と独立に存在するものではない。世界の事物や状態がかくかくであることは言語によってそうなるのである。もちろん言語が世界を無から創造産出したなどというのは荒唐無稽である。しかし、言語が世界のあり様を制作するのだ、とまでは言ってよいのではあるまいか。／そして言語は人間の生活の中で造られ、人間の文化の中で伝えられる。その言語が世界のあり様を制作する、というのは、この無機的な世界に人間的意味を与えることである。
>
> （『思考と論理』一九八六・三、放送大学教育振興会）

おさらいをしておきましょう。

生物が生きるには外界に何らかの形で適合しなければなりません。人類は世界と関わる媒体である言語、言葉によって、小川のメダカはメダカの、森のフクロウはフクロウの、それぞれ言語に匹敵する媒体を介在させて生きていきます。それぞれの生き物はそれぞれの生命体に応じて外界を世界を「制作」してその「制作」された客体の外界に応じて生きていくのです。**「客観的現実」も「客観的事実・真実」も、実はホモ・サピエンスである人類の言語によって、そうデザインされて現れている「事実」・「真実」なのです。**二十世紀、量子力学が起こると、アインシュタインと量子力学の確立者ニールス・ボーアとの間に有名な「サイコロ問答」が起こりました[1]。アインシュタインは観察者は客体の対象を捉えることができるという「実在論」の立場でしたが、ボーアは客体は観察者に現れた現象を捉えることしかできないという「実証論」の立場に立ち、アインシュタインはボーアを認めたのだそうです。少なくとも本質としての「実在論」は斥けられたのです。

我々人類にとって客体の対象世界とは客体の対象世界そのものではなく観察者にそう捉えられた対象の出来事に過ぎません。客体の対象そのものとは未来永劫、永遠に沈黙している「了解不能の《他者》」であり、これをわたくしは多年の間、主体と客体の二項の外部、〈第三項〉と呼んで世界を捉えています。〈読み手〉に読み取られた、その客体の文学作品の文章もまた決して客体の文章そのものではありません。文字として印刷された対象の文章にはそのまま還元できないことを改めて認識することが必要です。そこで〈読み手〉には永遠に捉えられない客体そのものである〈第三項〉の文章（これをオリジナルセンテンスと呼びます）を措定しておきましょう。これに対して自身の捉えた文章（これをパーソナルセンテンスと呼びます）の文脈（コンテクスト）を自ら更新することで読書主体自体を瓦解・倒壊していくことが文学作品を「読むこと」の基本原理であるとわたくしは考えてきました。そこで**「読みの動的過程」**をたどり、読み手にとっての文学の価値を手に入れ、生きる意味に向かいます。

この「読むこと」の基本原理は、三島由紀夫の晩年の小説論『小説とは何か』（一九七二・三、新潮社）で唱えている小説観に呼応しています。三島由紀夫もまた「客観的現実」を実在の実体とは信じてはいませんでした。三島は柳田國男の名著『遠野物語』（一九一〇・六、聚精堂）の一節、幽霊の着物の裾が炭取の籠に触れて実際にくるくると回ったという話を挙げ、「あ、ここに小説があった」と三嘆したと言います。これは「現実と超現実の併存状態」という既存の現実観の枠には収まらない、その外部、現実の物理法則に完全に反した時空が現れているのです。近代小説の本流であるリアリズム小説は現実世界の延長なので、これをあるべき小説とは認めないのが三島の小説観です。三島にとっての小説の現実は「客観的現実」と考える領域とは真逆、そこから逸脱した言葉独自が創り出した領域です。例えば三島の『美神』ではアフロディテの石像が三センチ伸びますが、読者はこれを測り間違いか何かだと解釈しがち、すなわち、「客観的現実」を実在と信じる思考の枠組みによって解釈するのです。『美神』はいわば三センチ違いの二つの時空の座標、「パラレルワールド」（「同時存在」）で成立しています。

Ⅲ　「地下二階」、「私」＝反「私」、森林太郎・村上春樹

1　「パラレルワールド」の出現

村上春樹の描き出す「パラレルワールド」(「同時存在」)は広く知られています。この「パラレルワールド」の手法こそ、近代小説が獲得した科学に裏打ちされたリアリズムを脱却し、新たな次元に向かわせる表現方法の一つでした(因みにこれは近代小説というジャンルに限らない、近代文明全体を相対化させる窓口である大難問を抱えています)。「パラレルワールド」は人間の意識領域の全てを超える時空に関わります。人類の幸福に多大な貢献をしてきたジークムント・フロイト、カール・グスタフ・ユング、あるいはアルフレッド・アドラー、彼らが学問として開拓してきた広大な無意識領域ではなく、その無意識領域の外部、その〈向こう〉の世界を潜り抜けた先にこそ近代小説の《神髄》が待っているとわたくしは想定しています。芥川はこの扉を開くことができず、自身の意識・無意識領域に戻らざるを得ませんでした。そこに芥川龍之介の文学の悲劇があります。『藪の中』では殺された、もしくは自殺した武弘という一人の人物の死に対し、自分が殺した真犯人だと主張する人物が武弘自身も含めて三人いるという、あり得ぬ矛盾・不合理が設定されています。それぞれ三つの異なった「事実」が「同時存在」し、「パラレルワールド」を構成しています。すなわち、ここでは物理法則に反する不条理によって、「客観的現実」それ自体が相対化されているのです。ところがそれを語る「地の文」はありません。戯曲の形式に重なり、メタレベルの〈語り〉の文章がないのです。

〈機能としての語り手〉が機能していないのです。芥川は自らを傀儡師と自覚し、世界を手に入れんと目論みました。しかし、傀儡に対して傀儡師たり得ても、その傀儡師自身を対象化し、そのメタレベルに立つことはできなかったのです。ここに芥川文学の限界があります。強い自意識を発揮しながら、その発揮する自身の相対化、メタレベルに立つことは不可能でした。やむなく私小説に戻り、その極限、「末期《まつご》の眼」と対峙し、『歯車』の下、自殺します。繰り返します。リアリズムを踏まえ、お話を語ることはできても、そのリアリズムの底を突き抜け、そこに潜む背理、「パラレルワールド」には向かえなかったのです。そうした芥川の苦闘は川端康成らを例外にして後続の文学者達には受け止められず、時代は流れます。一九七九年、村上春樹が登場します。

村上春樹の「パラレルワールド」はまた、当人がよく使う比喩、「地下二階」とも深く関わっています。村上はこれについて「いわゆる近代的自我というのは、下手するというか、ほとんどが地下一階でやっているんです、（中略）でも地下二階に行ってしまうと、これはもう頭だけでは処理できないですよね。」と述べています（『海辺のカフカを中心に』『夢を見るために毎朝僕は目覚めるのです　村上春樹インタビュー集1997-2009』二〇一〇・九、文藝春秋）。これもまた現実社会には非現実・超現実のような不思議なことがある、といった現実領域には収まりません。それは「私」という主体が「私」であって「私」ではない、「私」は反「私」であるという背理（パラドックス）の領域です。村上の「地下二階」はそれこそ前述の三島由紀夫が前掲『小説とは何か』で、「現実と超現実の併存状態」のその外部、〈向こう〉を措定していることといみじくも同義です。三島由紀夫畢生の『豊穣の海』四部作、この四部作全体がこの世の「客観的現実」の外部、「地下二階」の「パラレルワールド」で構成されています。四作目の『天人五衰』の末尾、ヒロイン聡子は、「いいえ、本多さん、私は俗世で受けた恩愛は何一つ忘れはしません。しかし松枝清顕さんといふ方は、お名をきいたこともありません。そんなお方は、もともとあらしやらなかつたのと違ひますか?」と断言します。聡子はいささかも偽っていません。これが三島文学の常道であり、この「パラレルワールド」という作品構成は日本近代小説では三島が「天才」と呼ぶ森鷗外の第二作目明治二三年、一八九〇年『うたかたの記』で既に現れていたのです(2)。

2 村上春樹の小説観

村上春樹はまた、自身の小説観を「真っ暗で、外では木枯らしが鋭いうなり声を上げている夜に、みんなで体温を分かち合うような小説。どこまでが人間で、どこまでが動物か、わからなくなってしまうような小説。どこまでが自分の温かみで、どこからがほかの誰かの温かみなのか、区別できなくなってしまうような小説。(中略)そういう小説が、僕にとっての「良き小説」の絶対的な基準になっているような気がする。」と語っています(「温かみを醸し出す小説を」『村上春樹雑文集』所収二〇一一・一、新潮社)。

村上は二十代で結婚したばかりの頃、一台のストーブを買うお金もなく、寝るときは、近所の猫も含め、みんなでしっかり抱き合って寝ていたそうです。ここで村上は極めて重要で決定的な発言、新妻の体温も近所の猫の体温も自分の体温も同じ、そこに醸し出される「温かみ」が「良き小説」の「絶対的な基準」だと告白しています。人と猫、異類の生き物ともその「境目が失われてしまうような小説」とは、いわゆる人間性・無意識を含めたヒューマニティの枠組みに留まりません。もはや、人間の近代的自我・自己という概念には収まらない、異類の生き物と繋がる次元なのです。彼はさらに「壁と卵―エルサレム賞・受賞のあいさつ」（『村上春樹雑文集』所収　二〇一一・一、新潮社））で、**「もしここに硬い大きな壁があり、そこにぶつかって割れる卵があったとしたら、私は常に卵の側に立ちます。**（中略）私が小説を書く理由は、煎じ詰めればただひとつです。個人の魂の尊厳を浮かび上がらせ、そこに光を当てるためです。」（太字は原文）とも言っています。これは人類の文明史の中でも根源的且つ逆説的でもあります。何故なら、ホモ・サピエンスがネアンデルタール人など他の人類種とは異なり、唯一今日まで生き残っているのは、より大きな集団化・組織化を造り出し得たからであり、人類は様々なレベルのシステムに組み込まれて文明の進化を可能にしてきました。そこで「言語と生命・認識と倫理」も問われてきました。このシステム、「壁」に対して村上が「卵」の側に立つことは、前述の猫と人間の体温が分かちがたくなる意識を生きることに外なりません。ホモ・サピエンスの創り出した諸々のシステムを相対化し、その外部からシステムを捉えることを意味します。この注目に敬意を覚えざるを得ません。村上の文学は人類が勝ち得たシステムの保証のないところに「個人の魂の尊厳」を見ます。そこに、「良き小説」の拠点を置きます。村上春樹にとって「個人の魂の尊厳」に「光を当てる」とは、人間の自我や自己の枠内ではない、その外部、先の比喩で言えば、「どこまでが人間で、どこまでが動物か、わからなくなってしまう」領域に「光を当て」ることなのです。そこはもはや人間の意識の底に孕む正義や正当性の意識、その意味での倫理性にまつわる正しさは及びません。ここまで行かないと戦争に向かうイデオロギーには立ち向かえないのです。それは「私」が「私」でありながら猫であること、猫が猫でありながら「私」である立場です。これが「私」は反「私」であって、初めて「私」であるという背理に立つことを可能にしています。ここで、ようやくわたくしは『あるひあるとき』の叙述に戻ることができます。幼女の「わたし」はハッコちゃん、ハッコちゃんは「わたし」だったのです。

Ⅳ 『あるひあるとき』の〈深層批評〉

1 「あとがき」の「遺言」

『あるひあるとき』の「あとがき」には、「今、私《わたし》は深《ふか》く祈《いの》る思いで、この絵本を見送っています。或《あ》る時代に生きた幼《おさな》い子どもの身いっぱいの喜《よろこ》びと哀《かな》しみが、あなたの心にすこしでも届《とど》きますように。」とあります。この作品は発表されると、マスコミでも大きく取り上げられ、発表から一月後の八月一五日、敗戦の日の『朝日新聞』のインタビュー記事には、「戦争の根本は「相手に殺される前に殺す」ということ。戦争だけはやめてね。若い方、どうか頑張って。私の遺言です。」とあります。「深く祈る思い」とは、この「遺言」の戦争反対のこと、この童話がこれを訴えていることは疑えません。しかし、わたくしはこの童話がいわゆる戦争反対、平和の尊さの主張といったスローガン、一般的なイデオロギーに収まる作品とは考えません。いいえ、逆にそうしたイデオロギーを見事に払拭しているとも考えています。我々は知っています。例えば第二次世界大戦、太平洋戦争の際、戦争の始まるときは戦争反対を叫ぶ者は非国民でした。戦争が敗戦で終わると、今度は逆、戦争反対と言わない者が非国民です。戦争反対も戦争賛成も人間の持つイデオロギー、観念の強固なかたちです。前述したように、我々人類の遠い遠い祖先はそれぞれの観念を手に入れて集団化し、文明を形成し、今日にまで生き残っています。戦争であれば、あまんきみこの言葉、「相手に殺される前に殺す」ことが目的、自国が生き延びるために相手国を殲滅することが正義、大義となるのです。日本の大東亜共栄圏もアメリカ合衆国の民主主義も、現在、崩壊したソビエト連邦を継承してウクライナを侵略するプーチンの大ロシア主義も、それぞれの正義の根拠は自国のイデオロギーの絶対化にあり、その根底にはそれぞれ自国の利益を追求する実利性があります。こうした集団のエゴイズムであるイデオロギーの対立を超えるためには、個人の意識及び集合的無意識を含めた無意識のその外部に出る必要があります。村上は人類が集団化して生き延びることのできたシステム、「壁」の正しさではなく、識閾下を超えて「地下二階」に一旦出て、割れる「卵」の温もりを選んでいるのです。

　このように**イデオロギーを対象化して、これを克服していく「認識と倫理」の課題は、自身の識閾下、外部、〈向こう〉を必要とします。自身に都合よく語る功利性を免れないからです。そのためには言語で世界が制作されているという世界観が必須なのです。**

2　イデオロギーを超えた生の尊さ、温もりの意味

　同様に、リアリズムを本流にした近代小説の中でも近代小説の《神髄》と呼べる作品群を読み解くには、リアリズムを踏まえながら、同時にそれを対象化してその外部に立つことが基本と考えています。それには〈語り手〉が自身の語る視点人物のまなざしをどう相対化して語っているのか、これを

捉えられるかが鍵です。『あるひあるとき』の一人称の〈語り手〉で視点人物、老婦人の背後には、**〈機能としての語り手〉**が作品全体を構造化すべく働いています。

「わたしが　かぜをひくと、ハッコちゃんも　かぜをひ」く、両者は不即不離でした。これは気軽な比喩ではありません。ハッコちゃんと「わたし」の分身関係は、村上の言うところの「どこまでが人間で、どこまでが動物か、わからなくなってしまうような」「どこまでが自分の温かみで、どこからがほかの誰かの温かみなのか、区別できなくなってしまうような」関係です。両親からハッコちゃんを連れていけないと言われたとき、「わたし」は素直にハッコちゃんをお父さんに渡します。「わたしは、ちょっと　なきました」とあるので、一見大きな葛藤はないかのようですが、ここには極限の選択が待っていたのです。引き揚げ船に乗ることは決まっています。ハッコちゃんを生かそうとすれば、「わたし」たち家族は生きていけない、ハッコちゃんを殺すか、「わたし」たちを殺すか、一種の「カルネアデスの板」です。しかし、ハッコちゃんを殺せば、「わたし」は生きられない、それが「わたし」とハッコちゃんが分身関係である所以です。「わたし」は木の人形に自身の「深部」、「魂」を吹き込んでいた、ならば、ハッコちゃんが焼き殺されたことは「わたし」の意識の奥の奥、「深部」、「魂」が焼き殺されたこと、そう捉えてみると、以後の「わたし」の人生経験の一切が影も形もなく語られないことがこれでわかります。**「わたし」はこの「深部」、「魂」を失ったまま、八十年程を生きてきたのです。**こけしのハッコちゃんを焼いた後、「わたし」は引き揚げ船で日本に帰国し、新憲法の下、戦後民主主義教育を受け、愛・結婚・出産・育児、あるいは両親の死など諸々の人生の体験を経てきたはずです。これら八十年近くの戦後の時間と歴史は全て消えて、大連の幼女と日本の老婦人とが直結しています。これは単に老婦人が幼女に起きた出来事を回顧した回想の物語ではありません。末尾「ユリちゃんのねがおは　こけしに　にています。」と語り終える一行には、炎にくべられた「わたし」の片割れのハッコちゃんと、こけしに似たユリちゃんのあどけない寝顔が対照されて、生きてあることの奇跡のごとき尊さ、その命の貴重さ、生きているものと死んだものとの相違がくっきりと表れているのです。

その後、前述した末尾の「メンコ／メンコト／ナデラレテ／コケシハ　マルコクナッタノサ」の温もりのある愛の言葉が作品全体を温かく包み込みます。さらに先の「あとがき」の「深く祈る思い」の「遺言」と編集部の破格のコメント、敗戦時の大連での状況説明の付記があり、社会的意味がありますが、**『あるひあるとき』の普遍性はいわゆるイデオロギーを超えて、生の尊さ、温もりの意味を教えてくれるのです。**ここに『あるひあるとき』の読みの醍醐味があります。

3　イエスの言葉

そこでわたくしは、『新約聖書』の「マルコによる福音書」の「子どもを祝福する」（10―2）の次の一節を想い起こします。

イエスに触れていただくために、人々が子供たちを連れて来た。弟子たちはこの人々を叱った。しかし、イエスはこれを見て憤り、弟子たちに言われた。「子供たちを私のところに来させなさい。妨げてはならない。神の国はこのような者たちのものである。はっきり言っておく。子供のように神の国を受け入れる人でなければ、決してそこに入ることはできない。」そして、子供たちを抱き上げ、手を置いて祝福された。

ここでイエスが弟子たちに憤ったことが肝要でしょう。イエスのこの憤りと「抱き上げ、手を置いて祝福した」ことは一連の行為です。すなわち、弟子たちには見えていませんが、一人一人の幼児へ「祝福」を施すことはイエスと幼児にとって決定的な出来事であり、その瞬間は永遠となることをイエスは知っています。「わたし」とハッコちゃんの関係もまた、瞬間が永遠と化していました。こけしに似たユリちゃんの姿を見、体温を感じたとき、八十年余りの時を超え、意識の奥底の外部、〈向こう〉に放たれていた「魂」が甦ったのです。実は、「深部」は「魂」として〈向こう〉で永遠に生きていた、〈機能としての語り手〉はこう作品を構成しています。

前述したように、集団のシステムを形成するところにホモ・サピエンスの本質がありました。それによって《神》も誕生し、《神々の闘い》の歴史を繰り返してきました。《神々の闘い》は全て大義同士の闘いです。それゆえ、村上は人類に必須に備わっているシステム、「壁」の側には立ちません。どんなに正しく見えてもそれはシステムが造り出した正しさなのですから。あえて「卵」の側に立つこと、それは猫と一体になって眠る、他の生き物と体温を共有することであり、ホモ・サピエンスたる所以を超えることでもあります。すなわち、前述の背理（パラドックス）、「私」は「私」でありながら、「私」であることを斥ける反「私」であることです。あまんきみこも同様です。「わたし」は「わたし」ならざるハッコちゃんと化すことで、反「わたし」になる、これが「魂」を共有することです。そこはあらゆるイデオロギーと無縁の世界、「地下二階」、「システム」に組み込まれていない「卵」の領域なのです。

話し終えた幼稚園でのこと、講演が終わって閉会挨拶になると、意外にも、園長はお声がなく涙で言葉に詰まられ、会場は沈黙に包まれ、そのまま散会しました。その後、控室に戻ると、会場にいた若い女性の先生がお二人、やや興奮気味で来られ、そのお一人がわたくしに向かって、唐突に「あなたは一体、何者ですか」とお尋ねになります。返答に窮しながら、「はい、そう、私はあなた、先生、あなたは私です。少なくとも、仲間ですね。」とお応えしました。彼女の質問をお聞きし、深いところで受け止めてもえらたことに感銘を受けました。その後、場所を変えて園長先生と二人、ゆっくりと食事をしながら、問わず語り、園長先生の人生のあれこれを伺いました。それによると、幼時、通っていた幼稚園を退園させられた経験があり、中学生のときは、私立を退学せられ、公立の学校に転校する際は病気でも不登校でもなかったのに留年させられたそうです。そんなことが義務教育の中学であるのですね。知りませんでした。また教育実習中、園児と共にホースで水を掛け合う遊びをして、受け入れを中途で拒否されたとのことです。園長という職にある今も、自身が真っ先に園児と共に遊び、ときに泥んこになるそうです。そうか、園長先生はハッコちゃんを愛する「わたし」だった、それが閉会挨拶で涙を出させ、声を詰まらせたのだと後になって思われてきました。園長先生は大学の非常勤講師も兼務されています。どんな講義なのでしょうか……。

註

(1) 三田一郎著『科学者はなぜ神を信じるのか　コペルニクスからホーキングまで』（二〇一八・六　講談社）を参照。

(2) 拙稿「〈近代小説〉の神髄は不条理、概念としての〈第三項〉がこれを拓く―鷗外初期三部作を例にして―」（『日本文学』二〇一八・八）で、鷗外の二作目の小説『うたかたの記』が「パラレルワールド」であることは論じています。

「近代小説の《神髄》」という提起とともに、文学教育における二つのXの探究へ
―「点」ではなく「線」を、「線」の提起を問い直して―

須貝千里

Ⅰ　「戦後国語教育」に対する「心意伝承」、「反」の表明を検討対象にして

まず「児言態の構造・関係図」（次頁）をご確認ください。その解説から始めていきます。

この図は、武村昌於によって作成され、二〇一八年一〇月二七日、児童の言語生態研究会創立五〇周年記念公開授業及び研究発表会（於聖徳学園小学校）で公表されたものです。児童の言語生態研究会の、今は亡き主宰者、上原輝男の国語教育に関わる問題提起「基層教育学」がいかなる提起であるかの説明のために作成されたものです。後掲の田中実作成の「パラレルワールド図」に触発されて、です。本稿は、その図に基づいて、「基層教育学」、「心意伝承」、「イマジネーション」、「感情」（イメージ）、「思考」（論理）、「用具言語」、「構えの転換」（トランスフォーメーション）、「世界定め」という提起について検討することから始めます。その上で、「児言態の構造・関係図」と田中実の「パラレルワールド図」を対照し、「言葉の学習」としての「国語科」の課題を浮かび上がらせていきます。

児言態作成　感情・思考・構え・用具言語・イマジネーション・心意伝承に関する構造図　2018.10,27

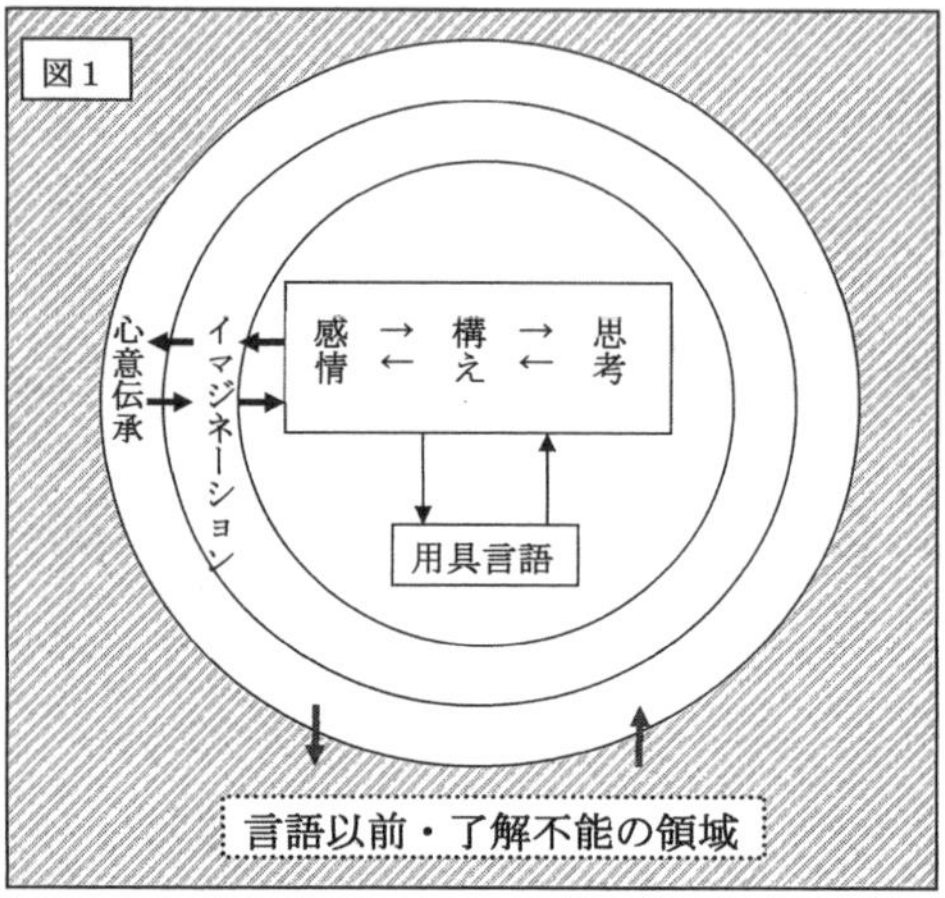
図１
心意伝承
イマジネーション
感　→　構　→　思
情　←　え　←　考
用具言語
言語以前・了解不能の領域

・図１における、イマジネーションと心意伝承は、４分野（感情、思考、構え、用具言語）を取り囲む要素ではなく、図２にあるように、４分野の「根っこ」にあたることを示している。

・図１．２で、「イマジネーション」は「いのち」の現れとしての「心象」を表し、「心意伝承」は「いのち」の現れとしての「民俗としての心性」を表し、「イマジネーション」は「心意伝承」によって生み出される。この両者は、「主体が捉えた客体」ではあるものの「客体そのもの」ではないので「言語以前・了解不能の領域」として示している。「客体」ではないが、言語化されると、了解不能の領域の「影」として現われてくる。

・図１は、図２の個別モデル（A,B,C児‥…）を上から見た図を表している。

・図２で地上とは意識の領域又は言語化された領域.地下①とは言語化された無意識の領域.地下②とは言語化されない言語以前・了解不能の領域を表す。

・図１．２で、「構え」は「感情」と「思考」の双方向に関わり、「構え」の相互転換を示している。

・「用具言語」とは、言葉を用具として扱う分野つまり言語操作性のことで、言葉を知識や技能として（用具として）扱う分野。それは、「感情・思考・構え」と関わってくる。

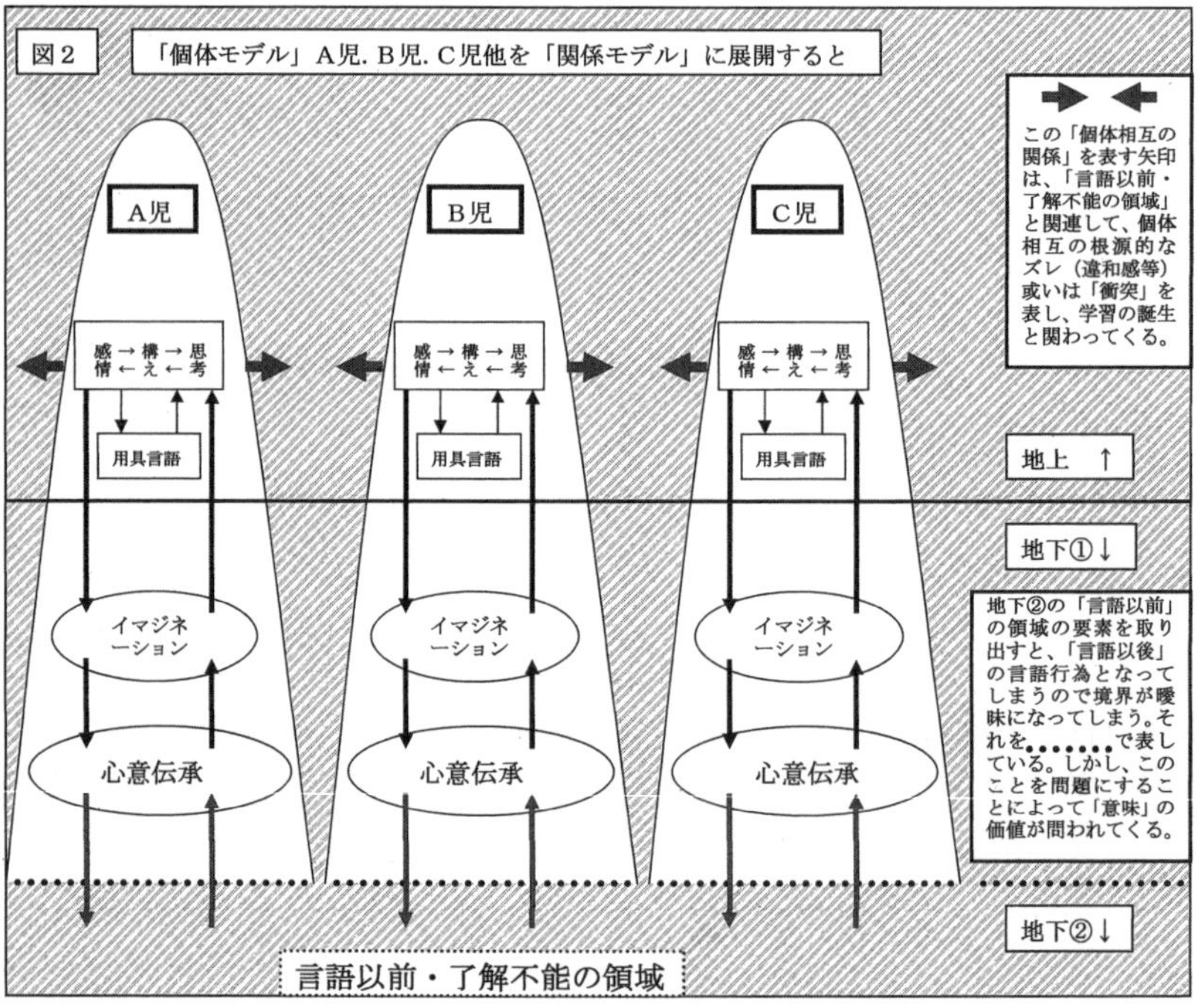
図２
「個体モデル」A児. B児. C児他を「関係モデル」に展開すると
A児
B児
C児
感 → 構 → 思
情 ← え ← 考
用具言語
イマジネーション
心意伝承
この「個体相互の関係」を表す矢印は、「言語以前・了解不能の領域」と関連して、個体相互の根源的なズレ（違和感等）或いは「衝突」を表し、学習の誕生と関わってくる。
地上　↑
地下①↓
地下②の「言語以前」の領域の要素を取り出すと、「言語以後」の言語行為となってしまうので境界が曖昧になってしまう。それを……で表している。しかし、このことを問題にすることによって「意味」の価値が問われてくる。
地下②↓
言語以前・了解不能の領域

「心意伝承」は折口信夫の言葉ですが、これは柳田國男の「心意現象」とか「無意識伝承」とかという提起が前提になっている、とのこと。民俗学の根拠に関わる基本概念です。「心意伝承」は自覚的な保守主義による「〈線〉の教育」としての世界観認識の前提です。「〈点〉の教育」としての、日本の「戦後国語教育」に対する「反」の表明です。日本の「近代国語教育」に対する「反」の表明です。これは近代的自我史観とその構図を前提にした批判という事態、その空虚さに対する批判です。

本稿では、この「反」の表明に対して、田中実の提起する「第三項理論」を対置し、検討していきます。田中の二〇二一年発表の論考に、「無意識に眠る罪悪感を原点にした三つの物語―〈第三項〉論で読む村上春樹の『猫を棄てる　父親について語るとき』と『一人称単数』、あまんきみこの童話『あるひあるとき』―」（『都留文科大学大学院紀要』第二五集　二〇二一年三月）、「魯迅『故郷』の秘鑰―「鉄の部屋」の鑰は内にあって扉は外から開く―」（『都留文科大学紀要』第九三集　二〇二一年三月）があります。前者の論考では、『一人称単数』の「『私』に捉えられていた「客観的現実」の世界は既に瓦解・解体し、第六段落のシュールな光景が現れています。それは既存の概念で捉えられない識閾下の恐怖の世界、そこに『私』の隠れていた罪悪感が現れるのです。〈機能としての語り手〉はこれを語っていたのです。〈機能としての語り手〉のまなざしには、かつて『私』の目に見え、手で触れられていた世界がリアルな現実世界であると共に、実は上げ底、虚妄であったことが見えている」、「『猫を棄てる』の「僕」も、『一人称単数』の「私」も、別の座標である「地下二階」を潜り、了解不能の《他者》から突き付けられた自身の罪悪感と対峙して生きるところにいます。〈語り手を超えるもの〉はこれを語ることで、自身の隠れていた罪と向き合い続けて行こうとする」（二七頁）、

「村上春樹の小説は近代小説の本流であるリアリズム小説ではなく、森鷗外や夏目漱石、志賀直哉、芥川龍之介、川端康成、三島由紀夫らの系譜、〈近代小説の神髄〉に位置付けられるといえるのです。」（二八頁）という提起をしています。「『私』が「私」と反「私」を含んだ矛盾する存在であること」（二七頁）ということを提起しているのです。このことは、田中の最新の論考、「近代小説の《神髄》――「表層批評」から〈深層批評〉へ――」（『都留文科大学研究紀要』第九五集　二〇二二年三月）では「「私」＝反「私」」（一二二頁）である、と提起されています。このパラドックスが〈ポスト・ポストモダン〉の時代を開いていくというように、です。

上原の「線」の提起を、田中の、『私』は「「私」＝反「私」」であるという提起によって問題にします。田中の提起では、『私』は「「私」＝反「私」」であるということが「了解不能・言語以前〈第三項〉の領域」の中で問われ、『私』に生起する事態が〈機能としての語り手〉＝〈語り手を超えるもの〉によって照らし出されていきます。これも「線」としてですが、上原とは定義が異なります。

Ⅱ　「感情」（イメージ）、「思考」（論理）、「用具言語」、「構えの転換」、「世界定め」

「感情」（イメージ）、「思考」（論理）、「用具言語」は「おうち」の内部の「地上」の領域です。「感情」とは「ことばが体系を持ち、その世界に人間が没入する以前」の「心性」の現れです。「感情」は「おうち」の内部（言語以後）に配置されています。「感情」は「思考以前」のことですが、

「ことば以前」のことではありません。「ことばが体系性を持ち」を「思考」のことであると受け止めるならば、「感情」が「ことば以前」のことであるというのは「思考以前」のことであるということになります。「体系性」を持っていても持っていなくても、どちらも「ことば」は〈客体〉に対する意味付けです。「感情」は「イメージ」です。〈主体が捉えた客体〉であり、〈客体そのもの〉ではありません。〈客体そのもの〉は「了解不能・言語以前の領域」に他なりません。その中から影として「感情」（イメージ）は生み出されています。内部（言語以後）の現れとしてです。「影」としての「感情」（イメージ）は、各個体間の〈断絶、衝突〉によって覚醒されます。「感情」と「イメージ」、そして「イマジネーション」について確認しておきます。「イメージ」とは「魂」の「残像」、「幻像」としての「心象」、「いのち」の現れです。「感情」と同義です。「イメージ」も「おうち」の内部（言語以後）に配置されています。

「思考」とは「比較―照合・分別―分離・連続―順序・転移―連絡・関係のごとき名称で代表される」「論理」の現れです。「思考」は「おうち」の内部（言語以後）に配置されています。「比較―照合・分別―分離・連続―順序・転移―連絡・関係」とは「ことばが体系性を持ち」ということに関わった事態です。「体系性を持ち」という事態を「ことば以後」とするならば、これは「思考」のことです。「体系」が不十分な「ことば」は「感情」ということになります。上原の「ことば」という用語の使い方には、こうした立ち止まりが求められています。「思考」（論理）も内部（言語以後）の現れです。外部（言語以前）そのものの現れではありません。

「用語言語」とは「言語の操作性」です。かつて児言態では「言語作業」と言っていました。これは学習指導要領の「知識及び技能」と対応しています。「用具言語」は言語の社会的文化的な約束事のことです。「おうち」の内部（言語以後）に配置されています。「感情」（イメージ）、「思考」（論理）、「構え」と「用具言語」の関わりについても分かり難いところがありますが、「用具言語」は「感情」（イメージ）、「思考」（論理）、「構え」のすべてに関わっています。「用具言語」を個体モデル図の外部に配置してしまってはなりません。外部は「了解不能・言語以前の領域」ですから、そこに「用具言語」を配置することはできません。「用具言語」を「伝統的な言語文化」というように〈プレモダン〉との関連で捉えることはできますが、「言語」なのですから、内部（言語以後）の現れです。外部（言語以前）そのものの現れではありません。

ここまでのところで立ち止まっておくならば、「感情」（イメージ）、「思考」（論理）、「用具言語」の提起は〈プレモダン〉をどのように受け止めるのかに関わる重要な提起です。しかし、〈ポスト・ポストモダン〉の時代を開いていくためには検討しなければならない課題が潜在しています。「構えの転換」とは内部（言語以後）の現れです。この「トランスフォーメーション」においては、「感情」（イメージ）を分母とし「思考」（論理）を分子とする「再転換」が問題の焦点にされていきます。「心意伝承」を「生命《らいふ》の指標《いんできす》」として、です。このことは、小学校の低学年の児童の「世界定め」は分母が「感情」で分子が「思考」であり、中学年でこうした事態の揺らぎが起こり、高学年で「思考」が分母で「感情」が分子に「転換」していくという、児言態の児童発達論を前提にして、です。本稿では、児言態が「思考」を分母とする「転換」に対して、「感情」を分母にする「再転換」という提起を「構えの転換」（トランスフォーメーション）論として「基層教育学」の中心課題として提起していることにこだわっていきます。そのこだわりが「トランスフォーメーション」は「構えの転換と再転換」であるというわたくしの問題意識になっていきます。

「世界定め」とは「構えの転換」（トランスフォーメーション）とともにあります。

このことは「顕在世界」としてのではなく、「潜在意識世界」としての「時間」「空間」「人間《ジンカン》」の三つの「間《カン》」の選択に関わっています。「顕在世界」と「潜在意識世界」の問題は、さらに、〈こっち側〉の「おうち」の「顕在世界／潜在意識世界」と〈あっち側〉の「おうち」の「顕在世界」／「潜在意識世界」の「間《カン》」の問題になります。「顕在世界」と「潜在意識世界」が〈こっち側〉の「おうち」の表層世界と〈こっち側〉の「おうち」の深層世界のことだとするならば、さらに〈こっち側〉の「おうち」としての「顕在世界」／「潜在意識世界」と〈あっち側〉の「おうち」の「顕在世界」／「潜在意識世界」の両者が「了解不能・言語以前の領域」によって隔てられているということが、です。「顕在世界」を〈客観的現実〉としてはなりません。「意識世界」として問われるからです。

「児言態の構造・関係図」では、「おうち」の内部の「地下①」に「心意伝承」と「イマジネーション」が配置され、「おうち」の外部の「地下②」が「言語以前・了解不能の領域」とされて、二重の「潜在意識世界」に対応しています。三つの「おうち」の配置による問題化の中で、です。〈ポスト・ポストモダン〉の時代を開いていくために、「おうち」を〈客観的現実〉とすることなく向き合うことが求められています。「パラレルワールド図」の「〈第三項〉」の表示はこのことを児言態に求めています。そのことによって、「おうち」が複数提示されていることの意味が問われていきます。

Ⅲ　「了解不能・言語以前〈第三項〉の領域」と文学教材価値論におけるXの探究へ

「基層教育学」は「感情」を分母とし「思考」を分子とする「再転換」の働きかけに意味を見出しています。「言語以前・了解不能の領域」に配置されている各個体間の、「おうち」と「おうち」の〈断絶、衝突〉が問題の焦点となります。〈断絶、衝突〉という危機が各個体間の、「おうち」の内部〈言語以後〉間の〈交流〉を問題として覚醒していくというように、です。この提起に応じて、田中実が提起する〈近代小説〉と〈近代の物語文学〉の違いの問題を考察していくことが求められていきます。〈交流〉は〈物語〉の問題、〈断絶、衝突〉は〈小説〉の問題であるというように、です。そのことによって、武村図の表題には欠落している〈第三項〉が問題の焦点にされていきます。

武村図の基になっている、田中作成の「パラレルワールド図」（次頁）を提示しましょう（「〈近代小説〉の神髄は不条理、概念としての〈第三項〉がこれを拓く――鷗外初期三部作を例にして――」（『日本文学』二〇一八年八月号）による）。

図1（一つの「おうち」）は村上春樹の提案であり、図2（三つの「おうち」）は田中の提案です。図1では「おうち」が一つなのに対して、図2では「おうち」が複数になっており、それぞれの「おうち」が「了解不能・言語以前〈第三項〉の領域」の中に配置されています。このことによって、「おうち」と「おうち」の〈交流〉が〈断絶〉されていることが示されており、「おうち」相互の〈衝突〉が〈語り手〉によって問題化されていきます。複数の「おうち」の〈交流〉は〈物語〉の中にあ

り、複数の「おうち」の〈断絶、衝突〉は〈小説〉として問われていきます。この事態が「「私」＝反「私」」の前提です。村上の発言に基づく、聴き手である川上未映子の作図（図1）は、田中の作図（図2）によってこのように受け止め直すことができます。図2では「地下1階」までの「おうち」が〈言語以前〉の領域である「地下2階」からどのように問題化されていくのかが提起されています。この相対的な事態の認知は、〈言語以後〉が直面する相対主義を問題化し、〈ポスト・ポストモダン〉の時代を開いていきます。「了解不能・言語以前〈第三項〉の領域」として「地下2階」が提起され、これを踏まえて図2があります。田中は、〈主体〉と〈主体が捉えた客体〉と〈客体そのもの〉という世界観認識に立って、〈客体そのもの〉は到達不可能であり、了解不能の《他者》であるとしています。それぞれの個体は「了解不能・言語以前〈第三項〉の領域」

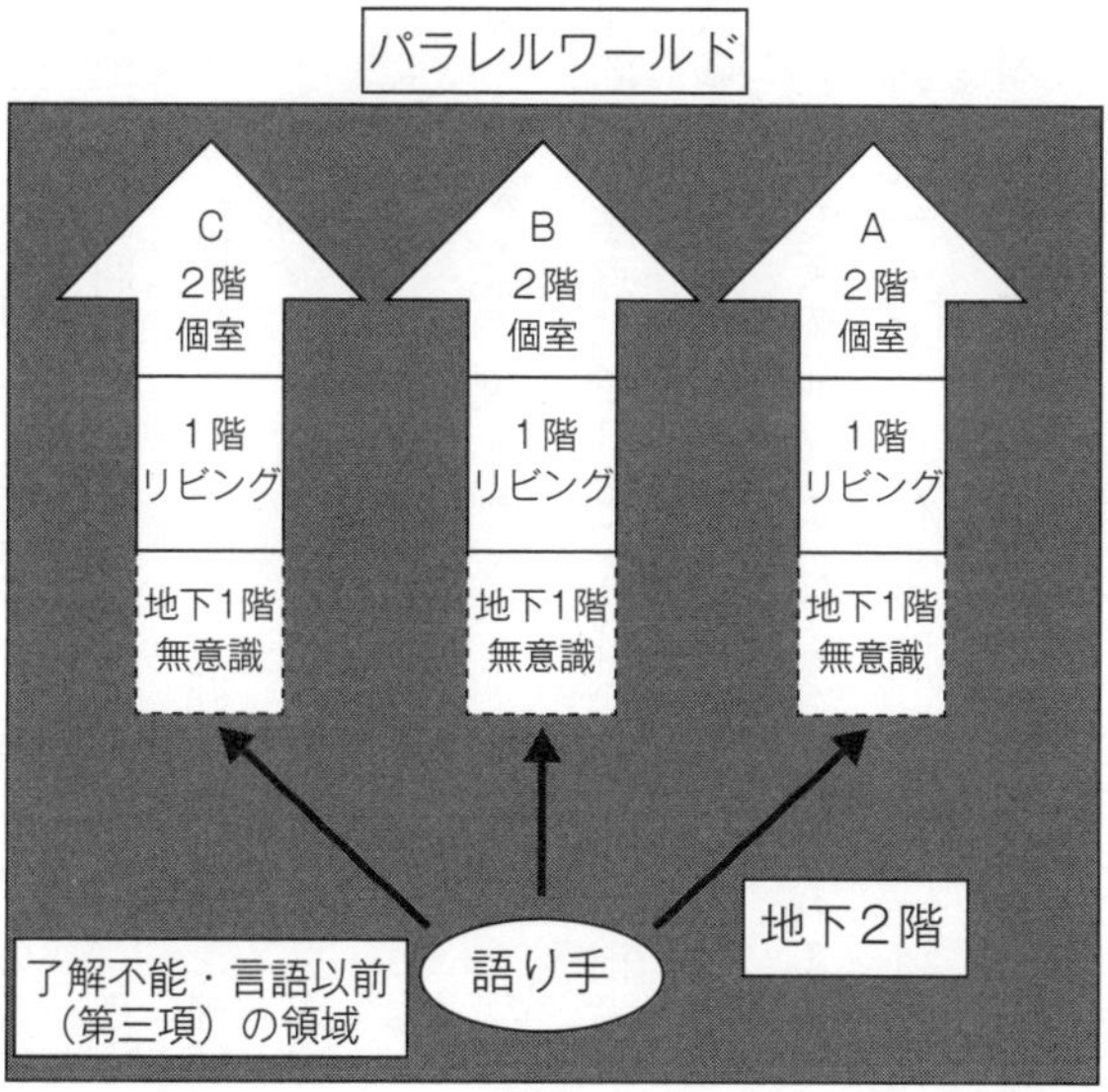

図２

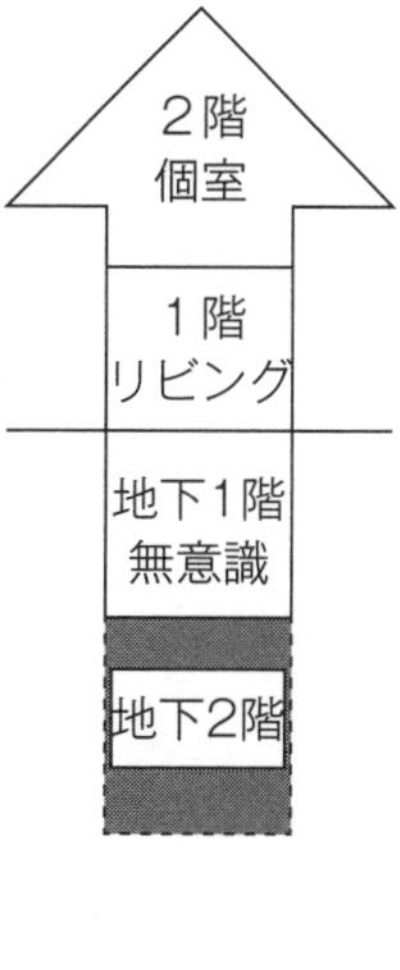

図１

に囲い込まれて存在しています。個体と個体の関係を〈語り手〉が語ることによって、各個体にどのような問題が生起しているのかが問題化されていきます。そのことによって、「語ること」の虚偽性が問題化されています。これは「客観描写」をめぐる困難さの問題ということです。田中は、こうした言葉の仕組みのことを「近代小説の《神髄》」というように提起しています。「近代小説の《神髄》」では「了解不能・言語以前〈第三項〉の領域」の中で〈語り手〉の機能が問われます。〈視点人物〉と〈対象人物〉の関係が問題化されます。〈対象人物〉の側から〈視点人物〉が捉え直されます。〈視点人物〉の立場からの「問い直して」（交流）と〈対象人物〉の側からの、〈視点人物〉の立場からの「問い直して」を問い直して（断絶、衝突）が問題の焦点にされることになります。前者においては、〈語り手〉の立場が問われることなく、〈近代の物語文学〉が現れます。これが「近代小説の本流」です。後者においては、〈語り手〉の立場が〈機能としての語り手〉によって問われることになり、〈近代小説〉が現れます。これが「近代小説の《神髄》」です。「近代小説の《神髄》」は、実体主義、自然主義、客観主義を前提にした〈モダン〉の科学主義とそうした前提に対する懐疑としての〈ポストモダン〉を同時に問うています。「パラレルワールド」という事態の現れによって、〈視点人物〉に〈対象人物〉が捉えられないという「客観描写」の困難さと格闘し、実体主義、自然主義、客観主義が問題化されます。こうした世界観認識は、〈ポスト・ポストモダン〉の時代を切り拓いていく、〈世界像〉の転換、世界観認識に関わる課題の提起です。このことは、想定外からの折り返しによって、〈こっち側〉の「おうち」の現れとしての「感情」と「思考」を相対化していくこと、「おうち」と「おうち」の「間《カン》」が問題化されていきます。〈語り手〉からの「線」（矢印）によって、です。

田中は、〈主体〉と〈主体が捉えた客体〉と〈客体そのもの〉という世界観認識に立って、「近代小説の《神髄》」を論じています。氏の論においては、俯瞰する地点としての〈語り手〉によって、〈こっち側〉の「おうち」の現れ（視点人物）と〈あっち側〉の「おうち」の現れ（対象人物）との「間《カン》」の〈断絶〉という事態が浮かび上がり、それらの相互の関係が〈衝突〉として問題化されていきます。田中は、「〈客体そのもの〉」は「了解不能・言語以前〈第三項〉の領域」において、到達不能の、了解不能な《他者》として問題化されていく、と言います。このことを前提にして、「近代小説の《神髄》」を問い、これを〈主体〉と〈客体〉の二項で成り立っているリアリズムを前提にし、〈視点人物〉から〈対象人物〉を捉える「近代小説の本流」に対置しています。これは〈こっち側〉の「おうち」の現れ（視点人物）と〈あっち側〉の「おうち」の現れ（対象人物）の「交流」としての「近代小説の本流」とは異なった事態です。〈あっち側〉の「おうち」の現れ（対象人物）が、〈こっち側〉の「おうち」の現れ（視点人物）と〈断絶、衝突〉し、〈こっち側〉の「おうち」の現れ〈視点人物〉を問題化していきます。「「私」」＝反「私」」として、です。

田中の論考「近代小説の《神髄》――「表層批評」から〈深層批評〉へ――」（前掲）では、次のような提起がなされています。「読むこと」について、「文学作品、中でも近代小説を読む」ことは、「読み手に生成される文脈（コンテクスト）を掘り起こしていくこと」です。「これを実践するのは、〈本文《ほんもん》〉、〈原文《げんぶん》〉を浮上させて両者を峻別し、そこから、次には、**〈原文《げんぶん》〉を求めて読みの恣意を伴った文脈、〈本文《ほんもん》〉の自己更新に向かうことです」**（一一九頁）と提起しています。「近代小説の《神髄》」と「近代小説の本流」の違いについて、「近代小説の《神髄》と呼ぶに値する傑作とは、往々にしてその無意識のさらに底の完璧な外部である「向こう」を問題にしています。そこは主体の私を超えた反「私」という逆説の不条理を生きる場でもあります」（一二〇頁）と提起しています。「作品批評の第一点【読みの対象・読みの存在意義】」として、「オリジナルセンテンスは「無機的な世界」の領域で未来永劫、沈黙し、これは主体と客体の相関の外部、〈第三項〉です。そこに向かう運動に〈読み〉の存在意義《レーゾン・デートル》があります。文学作品を「読むこと」とはこのオリジナルセンテンスに向かって自身のパーソナルセンテンスを創造することに外なりません」（一二〇頁）と提起しています。「作品批評の第二点【読みの方法・主体の対象化】」として、「まず人称に着目することが必須ですが、その際、視点人物をいかに相対化するか、これが問われます」、「視点人物自身が想定している対象を読むだけではなく、相手の内側に立つ必要があり、それには主客相関のメタレベルから捉える〈語り〉の領域、すなわち作品全体を構成している〈機能としての語り手〉のまなざしを必要としています」（一二〇頁）と提起しています。「作品批評の第三点【〈深層批評〉と不条理性】」として、「自然主義リアリズムの枠組みに収まる作品の場合、〈語り手〉は作中人物の意識の底の無意識にまでは探りを入れますが、（中略）その枠組みから逸脱する作品が近代小説にはあります。リアリズムして、主体の捉えた客体の対象のその外部、永劫の「向こう」、不条理を描写し、作品全体を統御している作品です」、**「「私」＝反「私」という不条理のパラドックスをテーマにし、リアリズムを現世をくっきりと囲い込み、その外部に逸脱しています。すなわち、二つの座標軸を一つの文学空間に描き出すのです。こうした作品の類を近代小説の本流を逸脱した「近代小説の《神髄》」とわたくしは呼んでいます」**（一二二頁）と提起しています。

「児言態の構造・関係図」は、「パラレルワールド図」のように「了解不能・言語以前〈第三項〉の領域」に〈語り手〉が配置されたものになっていません。「基層教育学」自体にそうした問題意識がないからです。二つの図を比べれば、自明なことです。「児言態の構造・関係図」は「了解不能・言語以前の領域」に各個体モデル図を配置した関係モデル図になっています。この〈交流と断絶、衝突〉の構造・関係図においては、個体相互は隔絶していますが、個体相互を問題化する機能が提起されていません。対して、「パラレルワールド図」は「了解不能・言語以前〈第三項〉の領域」に配置された〈語り手〉が〈視点人物〉に即しながら語り、〈対象人物〉によって〈視点人物〉を問題化していく機能として配置された関係モデル図になっています。〈語り手〉によって、〈対象人物〉の側からの〈視点人物〉の掘り起こしがなされ、〈視点人物〉に即して語る〈語り手〉の虚偽性も問題化されていきます。これが文学教材価値論におけるXの探究です。「客観描写」の希求はその困難さとともに問題にされていきます。こうした「線」の提起によって、「基層教育学」が問われていきます。

Ⅳ　学習・発達論におけるXの探究、〈対象人物〉としての児童の〈困った質問〉とともに

このような「児言態の構造・関係図」と「パラレルワールド図」の対照研究によって、文学教材価値論におけるXの探究とともに学習・発達論におけるXの探究という課題が問われていきます。「児言態の構造・関係図」には「おうち」と「おうち」の「間《カン》」に「↓↑」という〈衝突〉の「線」が配置されていますが、これは構造図作成者の願いです。「基層教育学」の願いです。対して、「パラ

レルワールド図」には〈語り手〉からの〈登場人物〉への「↓」という俯瞰する「線」が配置されていますが、これは構造図の作成者の願いの現れではなく、表現機構として、です。それぞれの「おうち」に対する、この「↓」は〈交流と断絶、衝突〉に関わる機能ですが、「児言態の構造・関係図」においてはそれに相当する機能が配置されていません。この事態は、「基層教育学」の授業構想において「読むこと」が読解として排除されていることに起因しています。それゆえに、小学校段階における文学教育否定論になっていることによっています。にもかかわらず、児言態の先生方は授業構想のレベルでXの探究を願っています。「児言態の構造・関係図」に「↓↑」という「線」を記させています。

　児言態におけるXの探究は、「了解不能・言語以前の領域」を前提にしてなされていきます。

　ここで問われているのは、「おうち」と「おうち」の関係を「現実と超現実の間」で捉えるのか、「現実と超現実の併存状態とその外部の間」（本書、田中の「白いぼうし」論を参照のこと）で捉えるのかということです。前者では〈第三項〉という世界観認識が前提にされていません。「現実と超現実の間」とは実体と非実体の「間《カン》」ということになります。後者では〈第三項〉という世界観認識が前提にされています。「現実と超現実の併存状態とその外部の間」とは「現実と超現実の併存状態」は「言葉が世界のあり様を制作」（大森荘蔵『思考と論理』ちくま学芸文庫、二〇一五年（一六九頁））し、ということであり、実体のことではなく、「その外部の間」は「無機的な世界」であり、〈第三項〉ということになります。「児言態の構造・関係図」はそのようなものとして受け止められることが求められているにもかかわらず、「基層教育学」においてはそのようには受け止められていません。「おうち」を実体とし、「〈第三項〉」が表題から取り除かれていきます。こうした事態の中に、〈交流と断絶、衝突〉の学習・発達論としての「基層教育学」はあります。

このことを課題として受け止めると、児言態の問題意識と田中の問題意識、両者の図の決定的な違いとなっている「パラレルワールド図」の「了解不能・言語以前〈第三項〉の領域」に配置されている〈語り手〉のそれぞれの「おうち」に対する「↓」の提起が問題として焦点化されていきます。「了解不能・言語以前〈第三項〉の領域」におけるXの探究は「児言態の構造・関係図」の可能性の地平を開いていきます。学習・発達論の課題が開かれていきます。

このことは、「近代小説の《神髄》」を教材としようという問題提起であるだけではなく、「教室」という場を「近代小説の《神髄》」の原理によって再構築していこうという問題提起に展開していきます。学習・発達論において、「近代小説の《神髄》」の〈語り手〉の機能はどのような「教室」の仕掛けによって現れ出てくるかの探究が求められています。学習・発達論におけるXが、です。〈教材〉と〈学習者〉〈教師〉、〈教師〉と〈学習者〉、〈学習者〉と〈学習者〉の〈交流と断絶、衝突〉を顕在化させていく機能としてのXの探究が、です。Xの探究は〈教師〉の指導の絶対性のことではありません。これとは逆、いかに制度の中にいることによって守られている絶対性を壊すのかの探究です。Xの探究とは、〈教師〉の指導の虚偽性が〈学習者〉の側から浮かび上がってくるという事態の現れのことです。教師は児童の〈困った質問〉に晒され続けていますが、このことが〈教師〉にとっての「トランスフォーメーション」（構えの転換と再転換）の契機になります。〈対象人物〉の側を起点にすることによって、「了解不能・言語以前〈第三項〉の領域」としての「教室」が「近代小説の《神髄》」における〈語り手〉の機能に直面していくのです。「線」として問われていきます。このことは〈教師〉にだけ問われているのではなく、〈学習者〉自身にも問われていきます。この原理は〈学習者〉の発達段階にかかわらずに問われていきます。このことに応ずることが、文学教材価値論におけるXの探究とともに学習・発達論におけるXの探究へという課題に応えていくことになります。

こうして、文学教育の未来とともに、転ずる「基層教育学」が開かれていきます。

学習・発達論におけるXの探究は、〈教師〉にとっても〈児童〉にとっても〈対象人物〉の側からの〈困った質問〉によって開かれていくのですが、このことは、「児言態の構造・関係図」に学習・発達論に即して「↓↑」(「おうち」間の相互関係化矢印)が付されていることを、田中の「パラレルワールド図」の「↓」(「おうち」間を問う〈語り手〉による問題化矢印)が「近代小説の《神髄》」の明示のために付されていることを踏まえて受け止め直していくことになります。「↓↑」の提起は「↓」の提起に転じていくことが課題にされていきます。こうした「線」が課題として現れてきます。

「教室」は「パラレルワールド」として問題化されていきます。これが「おうち」を、「〈第三項〉」を前提としてということからの視界です。学習・発達論におけるXの探究は「了解不能・言語以前〈第三項〉の領域」を前提にして問われていきます。リアリズムへのこだわりが虚偽であることは、「了解不能・言語以前〈第三項〉の領域」を前提にして、〈対象人物〉のものの見方、考え方の受け入れの深さとして問われていきます。事態は外部からの眼差しによって捉え直されていきます。

〈対象人物〉としての児童の〈困った質問〉、その坩堝の中から〈単元〉を開いていきましょう。このことは、児童にとっても、教師にとっても、受動体としての授業に参加していくことになります。

小学校文学教材のジャンルと読みの目標

難波博孝

田中（二〇〇八）は次のように述べる。「児童文学を見ておくと、「〈児童小説〉」と「〈児童物語〉」はカテゴリーを別にする。私見では、あまんきみこの『おにたのぼうし』や『白いぼうし』などの諸作品は宮沢賢治のそれと同様、「〈児童小説〉」に属する。「トトロ」や「星の王子さま」が日常の境界の向こうから登場するように、あまんきみこや賢治の作品にはこの見えない境界線が浮上している。これまでの慣わしに従うのではなく、通常の「童話」を厳密な意味で「物語」の範疇とし、「〈児童小説〉」を近代小説のカテゴリーに入れ、物語と小説を峻別する共通認識が学問としては必要である。」つまり、同じように見える小学校教科書教材も、異なるカテゴリー、ジャンルの作品として見なければならず、そのことを学問（文学研究も教育研究も）は共通認識として―つまり、ジャンルとして―持たなければならないという。この事の是非についてはあとで触れるとして、一旦この考えを受け入れて話をすすめる。

小学校文学教材には、他に、絵本を原作にした教材が数多く採られている。絵本は「見る」ことを主眼にしたジャンルである。『スイミー』や『ニャーゴ（にゃーご）』は、子どもたちに見られることが中心であり、文章は自分が読む場合もあれば大人などに読んで聞かせてもらう場合もあるようなジャンルである。それらの作品群と、たとえば、『ごんぎつね』や『大造じいさんとがん（ガン）』のように、絵がないか挿絵程度で（その挿絵も作家自身が描いたものではない）子どもが自力で読むようにして作られた作品群とを同じように扱っていいのだろうか。

もし「〈児童小説〉」「〈児童物語〉」「絵本」というジャンルが作品に別々に存在するとしたら、文学教材としての共通した読むことの方向性はあるにしても、それぞれのジャンルの特性に合った読み方（読みの技能）、読む方向性を考えるべきであろう。

Ⅰ　小学校文学教材のジャンル

ここでは、仮説として、小学校文学教材に採られた作品を次の四つに分けて考えたい。

(1)　原作が絵本で、かつ、絵も文章も同じ作家あるいは作家グループが作成している作品（略称〈見る物語ジャンル〉）

先程も述べたように、このジャンルは、子どもが見ることを中心に作られている作品群である。文章は子どもが自力で読むか大人に読んでもらうかであるが、主体は絵を見ることである。したがって、文章を読む（聞く）ことは従となる。このジャンルの作品が教科書に採用された場合は、本来は見る（絵を読む―この絵は文章に添えられた挿絵ではなく、テクストの主要部分である）ことの教育が中心にならなければならないはずである。ところが、日本ではこのようなジャンルの作品が教科書に採用された場合、絵が削減されたり切り取られたりしてしまう。そのため、このジャンルの作品の特性を著しく傷つけることになってしまうのである。

たとえば、難波（二〇二一）によれば、『スイミー』について、原典と掲載された四社の教科書とを比較し、どの教科書も、原典から採用された絵の種類が異なること、どの教科書もどれかの絵が削除されていること、また、ある社の教科書では、原典の38％の絵しか使われていないことがわかった。特にスイミーが心傷ついて海底に潜りさまざまなおもしろいものに出会うシーンは、原作では一四ページ使っているのに対し、その社の教科書ではわずか二ページ分の絵しか使われていなかった。これでは、「見る」ことが主体である〈見る物語ジャンル〉の原典と教科書教材とは、別のテクストとしか言いようがないことになる。このジャンルは、文章と絵とを同一の作家（グループ）が作成したものとしている。つまり、絵を削除することは、作家の主要な表現内容を削減していることになるのである（単に挿絵を省いたこととは全く異なる）。

小学校国語科教科書において、〈見る物語ジャンル〉に入る教材は、「ずうっと、ずっと、大すきだよ（光村図書1下）」「スイミー（各社）」「お手紙（各社）」「ニャーゴ（東京書籍2上）」「アレクサンダーとぜんまいねずみ（教育出版2下）」などがある。こういった低学年教科書所収の教材の他に、「わすれられないおくりもの（教育出版3上）」「世界一美しいぼくの村（東京書籍4下）」「だいじょうぶだいじょうぶ（東京書籍5）」などの作品もある。なお、「風切るつばさ（東京書籍6）」については、「この絵本は、二〇〇二年九月一一日の刊行をめざし、作家と画家が、八月五日から七日までの三日間でストーリーと絵を創り上げていくところを、観客に公開しながら作られました。」とただし書きがあり、作家グループで作られたとも考えられるが、特殊な状況での制作過程と考えてここでは省く。

〈見る物語ジャンル〉に属する教材の授業を行うためには、「見ること」を重視した教育を行うことになる。現在の日本の学習指導要領では、「見る」ことは国語科の目標カテゴリーには入っていないが、メディア教育が進む他国では「見ること」は国語科の目標カテゴリーに入っている（たとえば、カナダオンタリオ州、二〇〇六）。しかし、日本においても、十分対応可能だと考える。

二〇二一年現在の学習指導要領における低学年の読むことの目標は、「場面の様子や登場人物の行動など、内容の大体を捉えること（イ）」「場面の様子に着目して、登場人物の行動を具体的に想像すること（エ）」となっている。〈見る物語ジャンル〉の強みは、「場面の様子」がわかりやすいことである。絵を見ながら、どのような様子かを言葉で表現させる（口頭で、また文字で）ことがまず考えられる。「絵を読む」ことは、「場面の様子」をつかむことであり、いわば「空間意識の醸成」である。また、絵本は絵の連なりであり、それを追って読むことでわかりやすく順序がつかめる。ここでは「時間意識の醸成」も図られるのである。また、「登場人物の行動」については、絵でおおよその検討がつくので、これも学習者に言葉で表現させてみる。その上で、絵は動いていないので、「登場人物の行動」をより「具体的に想像する」ために動作化などを取り入れるのである。

こういった授業ができるための必須条件は、「絵が省かれていない、修正されていない」ということである。したがって、〈見る物語ジャンル〉の教材を授業化する場合は、教科書は入り口として原典を教材として扱うことが必須となる。なお、〈見る物語ジャンル〉の実践においては、「語り」は問題とならないことは、ジャンルの特性から見て明らかである。そこでは、事態（場面の様子）は「見えている」のである。ここでの問題は、絵本特有の問題、「視角（カメラワーク）」だろう。ここには興味深い「見ること」のおもしろさ、目標があるが、現状では、学習指導要領上はプラスαになってしまうことは留意しておきたい（今後は「視角」も国語科の目標になることが望まれる）。

(2)　語りきかせが主体の、聞くことが重視の作品（略称〈聞く物語ジャンル〉）

このジャンルに入る作品群は、読み聞かせの中でも語り聞かせが主体であり、子どもたちが「聞くこと」を中心にして作られた作品群である。このジャンルに入る作品は、物語の起伏があり、一度聞いただけでわかりやすい構造を伴うような、一度聞いてわかることが想定されている作品群である。先に述べたように、〈見る物語ジャンル〉が何度も見ることが主体の作品群であるのに対し、このジャンルに入る作品は、一回性の、聞くことが主体の作品群である。

このジャンルに入る作品は、物語の原型を保っている。玉上琢弥の『源氏物語音読論』で知られるように、古来の物語は、誰か一人が声に出して読み、それをみんなで聞くことが物語享受の主流だった。つまり、〈聞く物語ジャンル〉は、本来の物語享受の姿のジャンルであるということができる。兵藤（二〇二〇）は物語について次のように述べる。「見えない「もの」のざわめきに声（ことば）をあたえる発話行為が、ものがたり（物語）であると、とりあえずは定義できようか。（xi）」としたうえで、「「表現」の前提にある主体が拡散し、さまざまなペルソナに転移していく過程として、物語を語るという行為はある。物語する行為が不可避的に要求する主体の転移と複数化は、ある種の憑依体験でもあるだろう。(xi)」としている。語るとは文字通り「語る」ことであり、物語を「聞く」とは、語り手がさまざまな人物に憑依して語られるその物語を聞く・聞いた側も憑依するような体験を得る。

このジャンルに入る作品について、兵藤は「ものがたり(物語)のトポスとしての「むかし」は、こちら側の「いま」と背中合わせの形で空間を接して存在した(ix)」としたうえで、「向こう側の世界(むかし)と、日常生活がいとなまれるこちら側(いま)とのあいだには、明確な境界が設定されていた。だが、その境界というのがたぶんにこわれやすい、不安定なものだったことは、しばしば昔の霊物《モノ》がこちら側にはみ出してくるのをみてもよい。(x)」として、このジャンルに入る作品には、向こう側とこちら側が明確な境界が設定されているけれど、その境界がこわれやすい不安定なものであると指摘している。登場人物が向こう側とこちら側を行き来するというよりも、向こう側がこちら側に「はみ出してくる」ときもある、そのような作品群である。

小学校文学教材において、このジャンルに入る教材は、多くない。伝統的言語文化に属する作品がまず入りそうだが、多くの小学校教材では翻案されており、結果として次の〈児童物語〉になってしまう。しかし、狂言柿山伏(光村図書6)、平家物語(光村図書6)など古典原文が掲載されている場合は、〈聞く物語ジャンル〉として捉えたい。現代文教材では、「すいせんのラッパ(東京書籍3上)」を挙げる。この原典は、雑誌『母の友』の「読んであげるおはなしのページ」に掲載されていたもので、読み聞かせのための作品であった。このような作品は現在の小学校教材では稀なものである。

〈聞く物語ジャンル〉に属する作品を教材にして授業を行うためには、「聞くこと」を重視した教育を行うことになる。現在の日本の学習指導要領では、「聞く」ことは国語科の「読むこと」の目標カテゴリーには入っていない。しかし、もともとの物語享受の姿であった「聞く」ことを、〈聞く物語ジャンル〉によって復権させることで、「聞く」ことがもつ豊かさを学習者に実感させるとともに、「聞く」ことによって教材の内容を捉え想像することは、「読むこと」の準備となり、また「読む」技能を促進させるものであると考える。文字に頼らず「聞く」ことによって、「登場人物の行動や気持ち」を捉える力が鍛えられることである。また、「聞く」ことで自然と気持ちの変化や性格、情景などが思い浮かぶことがある。これらの手法は、他のジャンル（特にあとに続く二つのジャンル）でもやれることである。ただ、この〈聞く物語ジャンル〉においては、こうした聞くことをメインにして読むことの目標の達成を図りたい。

(3)　読むことが主体の作品　①〈略称〈児童物語〉〉

このジャンルに入る作品は、田中がいう「〈児童物語〉」に入る作品である。前に見た〈聞く物語ジャンル〉の作品群が、文字によって定着し近世以後印刷技術の発達によって大量に読まれるようになった作品群である。近代以前もあり、近代以後もある。小学校教科書に掲載されている多くの教材はこのジャンルに入る作品を基盤としている。

このジャンルに入る作品は、見ること・聞くことが主体の作品群と異なり、読むことが主体である。絵があっても挿絵としての補助的なものである。また、何度も読むこと、つまり再読されることが前提で書かれている。この点は、〈聞く物語ジャンル〉の作品群とは異なる。〈聞く物語ジャンル〉の作品群のような物語構造を踏まえつつ、再読ができるためにより複雑になっている。伏線やその他の修辞的な仕掛けも施されるようになっている。近代以前は、怪奇な出来事など出来事中心だが、近代以後は私小説に代表されるような「ナイーブな自己語りのスタイル」（兵藤三〇五）を持ち、自分や第三者の内面と合わせて語るということが主体になっている。近代以前は、向こう側とこちら側のはみ出しはまだあったが、近代以後のこのジャンルに入る作品は、基本的に向こう側とこちら側は（向こう側が登場する場合は）明確に区別され、はみ出すことはない。ある一線で世界が変わったり、登場人物が行き来したりするが、画然と分けられているのである。なお、このジャンルと次の〈児童小説〉のジャンルは見分けにくいのであらためて論述することにする。

小学校文学教材において、このジャンルに入る教材は、数多い。先の二つのジャンル、また、次の〈児童小説〉のジャンルに含まれる教材以外の殆どの散文教材がこの〈児童物語〉のジャンルに入る。また、日本の小学校学習指導要領国語科の読むことの指導事項では、〈児童物語〉に属する作品を教材にして授業を行うために作られていると考えてよい。また、「語り手」については一人称の作品は別として、登場人物とは別にことさら「語り手」を意識しないでよいと考える。あくまでも、物語られた物語を読むことそのものを享受するジャンルだからである。

(4) 読むことが主体の作品 ② 〈児童小説〉

このジャンルの作品は、先に述べた田中のいう次の特徴を持っている。「「トトロ」や「星の王子さま」が日常の境界の向こうから登場するように、あまんきみこや賢治の作品にはこの見えない境界線が浮上している」。このことを踏まえ、〈児童物語〉と〈児童小説〉との違いについて考えたい。

例えば、もう一つの世界（ファンタジー）が書かれているのが〈児童物語〉、そうでないのが〈児童小説〉という考えがすぐに浮かぶ。しかし、田中は、〈児童小説〉の代表としてあまんきみこや賢治作品を挙げ、それらについて「「トトロ」や「星の王子さま」が日常の境界の向こうから登場するように、あまんきみこや賢治の作品にはこの見えない境界線が浮上している。」と述べている。ということは、向こう側の世界も描かれているのが〈児童小説〉となる。

しかし、そのような単純なことではない。自我を持って考え行動するきつねが登場する、一見ファンタジーが描かれているように見える『ごんぎつね』について、田中（二〇〇八）は、「ごんぎつねの生身の語り手の登場が可能なのは、死んだごんの思いが兵十に、そして村人に伝わり、伝承としてこの村落共同体に生きているからである。そこに他者性はない。（中略）これは「児童物語」であって、断固「小説」ではない。」と述べている。この文言から見えることは、「他者性の有無」が〈児童小説〉〈児童物語〉を分ける大きなポイントとなることがわかる。

「他者性」とは「わけのわからなさ」「解釈が拒否されているもの・こと」ということである。田沼（一九九九）は、「「他者性」とは、以前の「我々の現実と全く異なるもの」という意味ではない。ある側面においてあらかじめ予測できないことや理解できないことが「他者性」（要旨）」であるとしている。私たちの現実世界とは全く異なる世界が描かれていたとしても、その世界について「あらかじめ予測でき理解できる」ことがあれば、そこには他者性はない。「ごんぎつね」の「ごん」の心理や行動はたとえファンタジーの世界であっても（もちろん「ごん」の世界を現実の世界と考えたとしても）「あらかじめ予測でき理解できる」だろう。だから小学校で「ごん」の心情やその変化を想像する授業が成立しうるのである。その作品に描かれた世界が、現実世界（よく似た世界を含む）か、非現実的な世界（ファンタジー）かによって、〈児童物語〉か〈児童小説〉かが決まるのではない。読む私達が「ある側面に置いてあらかじめ予測できないことや理解できないこと」が描かれているかどうかが、両者の区別を決めるのである。

兵藤は、「ものがたり」について「向こう側の世界（むかし）と、日常生活がいとなまれるこちら側（いま）とのあいだには、明確な境界が設定されていた。だが、その境界というのがたぶんにこわれやすい、不安定なものだったことは、しばしば昔の霊物《モノ》がこちら側にはみ出してくるのをみてもよい。（x）」としていた。とするならば、〈児童小説〉は兵藤のいう「ものがたり」となってしまう。

しかし、兵藤のいう「ものがたり」と〈児童小説〉との間には、大きな違いがある。それは、近代以前の作品群か近代以後の作品群かということである。兵藤のいう「ものがたり」は、近代以前のものである。科学的世界観で覆われておらず、近代的な自我観も確立していない時代の産物である。その時代は、「向こう側」からはみ出してきたものがあり、それらは「ある側面に置いてあらかじめ予測できないことや理解できない」けれど、そのようなものがあると信じられていた時代である。この時代の産物が、「ものがたり」である。一方、〈児童小説〉は近代の産物である。科学的世界観に覆われ、近代的な自我観が成立した時代のものである。「向こう側」などはなく、たとえ「向こう側」からはみ出してきたものに見え「ある側面に置いてあらかじめ予測できないことや理解できない」もののように見えたとしても、なんらかの解釈図式を生み出せば予測・解釈可能であると信じている（こちらも信じていることに注意）時代の産物である。

そのような時代（近代以後）に、「向こう側」からはみ出してきたものを「ある側面に置いてあらかじめ予測できないことや理解できない」こととして描く、つまり解釈図式を拒否したものとして描くことは、尋常なことではない。近代以後の現代は、そのようなものがないと信じられている時代だからである。にもかかわらず描く。それらの作品を読む人々は、ある解釈図式で理解できない、その他者性に怯えつつ、しかし、頭ではなんとか解釈しようとする。しかし、解釈しきれない「他者性」に慄く。あまんきみこや賢治の作品は、近代以後の人間に、信じられないまま（解釈できない、解釈させない、ことで）読者を慄かせる作品であるということになる。

近代以前の人々は、向こう側があると信じてその他者性に慄いていた。しかし、近代以後の人間は、向こう側がないと信じているにもかかわらずその他者性に慄く。では、なぜ近代以後の人間は、そのような作品に慄くのだろうか。それは簡単に言えば、科学的世界観を心底では信じきれていないからである。近代的な自我観を信じきれていないからである。あまんきみこや賢治の作品を目の前にしたとき、私たちは、一応は信じている科学的世界観や近代的自我観が揺さぶられる。ただ、向こう側が描いているだけの作品ならばそうはならないだろう。科学的世界観や近代的自我観を踏まえつつそれを突き抜け切り裂くような筆力がある作品だからこそ、私達の心の表層にある科学的世界観や近代的自我観を突き抜け、向こう側のものを信じそれらに怯えてきた「複数の私」のどれか（それは近代以前の人々につながる私）に突き当たるのである。

〈児童小説〉とは、近代以前の「ものがたり」をただ現代に復活したものではない。ナイーブに向こう側を信じていた時代ではない現代において、科学的世界観や近代的自我観を踏まえ（その部分を信じている私を十分納得させ）ることができたうえで、それらを突き破り、こちら側と向こう側との区別を惑乱させ、向こう側を本来的には信じているはずの、複数の私のどれかのワタシに突き刺さるように作られた作品群なのである。ということは、これらの作品が突き破って突き刺さっていき辿り着く先は、現実世界とは異なる世界であると同時に、近代を信じている私とは異なる「ワタシ」であるといえ、それらの作品が放つ光は、世界を超えると同時に私の内面の奥深くに届くものなのである。

小学校文学教材において、〈児童小説〉のジャンルに入る教材は、「ちいちゃんのかげおくり（光村図書3下）」「白いぼうし（光村図書4上）」「きつねのおきゃくさま（学校図書2下）」「おにたのぼうし（教育出版3下）」のあまんきみこ作品、「やまなし（光村6）」「注文の多い料理店（東京書籍5）」「雪渡り（教育出版5下）」の宮沢賢治作品が入る。こうしてみると、低中高どの学年にも含まれていることがわかる。つまり、〈児童物語〉と〈児童小説〉との区別は、発展段階でも学習者の発達段階でも決まるものではなく、ジャンルの特性で決まるものなのである。

〈児童小説〉に属する作品を教材にして授業行うには、基本的に小学校学習指導要領の各段階に合わせた授業を行う。しかし、一つだけ重要なポイントがある。それは、「学習者も教師も、一緒になって悩む」ということである。小学校学習指導要領に従って、ある程度分析的に教材を読むことで（例えば、高学年ならば、心情や相互関係（イ）や人物像や作品の全体像（エ））、一定の共通理解を得ることはできる。しかし、指導事項の（エ）の人物像や作品の全体像を深く考えるにつれ、教師も学習者も大いに迷っていくだろう。

例えば、「白いぼうし」の松井さんはいったいどのような人物なのだろうか。優しいとも言えるし、残酷だとも言える。現実に生きていながら、別の世界の住人と思われる女の子を見、ちょうの声を聴く（この最後のところは、松井さんなのか、語り手の語りなのかもわからない）。松井さんとはいったいいかなる人物像を持つのだろうか。また、「白いぼうし」とはいったいいかなる全体像を持つ作品なのだろうか。たとえば、「注文の多い料理店」の「しんし」はどのような人物なのだろうか。確かに高慢であるが小心にも見える。また、「やまねこ」はどうだろう。また、この作品はいったいどこからがファンタジーでどこまでが現実なのだろうか（境目がいくつもある）。考えるほど、迷ってしまう。教師と学習者とが教室で、あるいは、家庭で、考えを突き詰めたうえで迷っていく、さまよっていくこと、それこそが、「おしまい、あなたのすきとおったほんとうのたべものになる」（宮沢賢治「注文の多い料理店」序）体験となるのではないかと考える。

もちろん〈児童小説〉では、語り手の存在は大きい。しかしその大きさは、通常考えられていることとは異なる。〈児童小説〉の語り手は、実は見えていない、迷っている、語り手である。見切り発車のように語っている。どの〈児童小説〉でも、わけのわからなさをそのままに（わからなさの答えを隠しながらではなく）語っている。〈児童小説〉において、語り手を考えることは、実は、登場人物と同じように迷っている、迷いながら語る語り手の姿を知ることなのである。語り手の位置に立って俯瞰することで、作品が見える、見えやすくなるのではなく、更に異なる次元で迷っていく段階に入るのである。したがって、〈児童小説〉においても、ことさらに「語り手」について考えることを行う必要がないと考える。ただし、中等教育以後においては、「物語」「小説」とも「語り手」を授業でどう扱うかについては、別途考える必要がある（それについて考えたものが、難波二〇一八である）。

本稿では、小学校教科書の文学教材のジャンルを設定し、そのジャンルに合わせた読む技能（読み方）、読む方向を考え、それに沿った実践を考えることを提案した。基本的には、小学校学習指導要領に沿いつつ、また、学年段階を考慮しながらも、それぞれのジャンルの特性を十分生かした実践を考えていきたい。また、教科書編集にあたっては、各ジャンルのバランスや学年段階を考え、ジャンル特性に合わせた学習の手引や指導書の執筆を求めていくべきだと考える。

参考文献

田沼幸子（一九九九）「他人が「他者」になるとき：移民研究と「他者」再考」年報人間科学.20-1
玉上琢弥（二〇一三）『源氏物語音読論』岩波書店
兵藤裕己（二〇二〇）『物語の近代――王朝から帝国へ』岩波書店
難波博孝（二〇一八）「第三項理論に基づいた授業の姿―問い続ける学習者を育てる―」『第三項理論が拓く文学研究／文学教育　高等学校』明治図書
難波博孝（二〇二一）「「スイミー」の比較：2020年度版小学校国語科教科書相互と原典とを対象にして」国語教育思想研究22号国語教育思想研究会

あとがき

『21世紀に生きる読者を育てる　第三項理論が拓く文学研究／文学教育　高等学校』（以下、『高校編』）が出版されたのは、二〇一八年十月であった。それから四年、世界も国語教育界も、大きな時代の波に洗われた。本書が出版され数年も経てば、このような時代の波は消え、人々の記憶からも消えてしまっているだろうか。それとも、困難な日々（戦争や病禍）がずっと続いているだろうか。

国語教育における文学教材の授業（文学教育と言われることが多い）の困難は、おそらく続いているだろうと私は予測している。それは、高等学校の国語科科目再編といったことを指すのではない。この困難は、この国においてずっと続く困難である。それを、「国語教育の危機」などと、当事者でもあるはずの人々が今更言い立てることへの絶望的な困難である。それは、文学研究（大人の文学も子供の文学も含めて）と国語教育の、溝である。このことについては、私は何度も言い立ててきた。『高校編』は、その溝を、両者から埋めようとする試みであった。

本書は、『高校編』に続く『小学校編』である。「国語教育の危機」とやらに含まれて議論されることが殆どなかった、小学校国語科文学教材に関する書籍である。といっても、小学校においても、先述の「困難」はなんら変わりがない。本書が、溝を埋め立て、文学研究と国語教育の両者を更地にし、「危機」とやらを一層無きものとしてしまえる「いつか」を夢想している。

難波博孝

【編著者紹介】

田中　実（たなか　みのる）
都留文科大学名誉教授。1946年福岡県柳川市生まれ。1976年，立教大学大学院博士課程満期退学，同年私立武蔵高等学校教諭，1978年より都留文科大学国文学科に奉職。

須貝　千里（すがい　せんり）
山梨大学名誉教授。1950年東京都板橋区生まれ。17年間の中・高校勤務ののち，奈良教育大学，山梨大学に勤務する。文学研究と国語教育研究の相互乗り入れの立場から，国語教育史，文学教育論の研究に取り組む。

難波　博孝（なんば　ひろたか）
広島大学大学院人間社会科学研究科教授，博士（教育学）。1958年兵庫県姫路市生まれ。1981年，京都大学大学院言語学専攻修士課程修了。私立報徳学園中学校・高等学校を経て，神戸大学大学院教育学研究科修士課程国語教育専攻修了。愛知県立大学を経て，現在に至る。

【執筆者一覧】

田中　実	上掲
須貝　千里	上掲
難波　博孝	上掲
山中　勇夫	広島大学附属小学校教諭
馬場　重行	山形県立米沢女子短期大学名誉教授
山中　正樹	創価大学教授
中村　龍一	松蔭大学教授
横山　信幸	愛知教育大学名誉教授
佐藤　宗大	広島大学大学院
坂本まゆみ	元山梨県公立中学校教諭

21世紀に生きる読者を育てる
第三項理論が拓く文学研究／文学教育　小学校

2023年２月初版第１刷刊
©編著者　田中　実
須貝　千里
難波　博孝
発行者　藤原　光政
発行所　明治図書出版株式会社
http://www.meijitosho.co.jp
（企画）林　知里（校正）井草正孝
〒114-0023　東京都北区滝野川7-46-1
振替00160-5-151318　電話03（5907）6703
ご注文窓口　電話03（5907）6668

＊検印省略　組版所　中央美版

Printed in Japan　ISBN978-4-18-219823-6